AF130713

EDITION V

Carmen Franceschini

Das Geheimnis der
Selbstliebe

EDITION V

Anmeldung zum edition V Newsletter:

Folge uns auf facebook und instagram
facebook: editionvorarlberg
instagram: editionv_verlag

© 2024 edition V – Bregenz
ISBN 978-3-903240-61-2

Lektorat: Nina Winkler
Korrektorat: Magdalena Amann
Satz und Gestaltung: Denise Sterr
Fotografie: Pascal Hefti
Druck: FINIDR, s. r. o.

Inhalt

Was bedeutet es, sich selbst zu lieben?

... »dass man sich immer wieder sagt: ›du bist ok‹« ...

Leo, 7 Jahre

... »dass ich mich immer wieder lobe und sage:
›das hast du jetzt gut gemacht, Ida‹« ...

Ida, 9 Jahre

... »dass man sich selbst nicht immer die Schuld an
allem gibt« ...

Marco, 13 Jahre

... »sich selbst als Einheit sehen und sein Potenzial
kennen« ...

Manuel, 15 Jahre

Vorwort

Wozu soll ich dieses Buch schreiben? Inwiefern macht es
für Sie Sinn, dieses Buch zu lesen?

Ich habe so viele Geschichten in meinem Kopf. Geschichten aus meiner Kindheit, darüber, was ich beruflich und privat erlebt habe, über Wunder und andere
Höhen und Tiefen in meinem Leben. Über Selbstliebe.
Über Gesundheit, und über meine Praxis.

Meine Gedanken drehen sich im Kreis. »Mach es einfach«, kommt mir in den Sinn. »Schreib einfach, wie bei
den ersten zwei Büchern, da hast du es auch so gemacht.
Denk nicht daran, für wen das Buch ist, schreib deine Geschichten auf. Für deine Buben, deine Familie, egal für
wen. Schreib!«

Ok. Mach ich.

Ich möchte anhand meiner Geschichten zeigen, wie
sich ein roter Faden durch unser Leben zieht. Ein Faden,
der uns Hinweise darüber gibt, warum wir hier sind,
was der Sinn unseres Daseins ist. Das Leben ist ein
Mysterium, voller Wunder, Fügungen und zauberhafter
Momente.

Ich möchte darüber schreiben, was mir in dunklen
Zeiten die Kraft gegeben hat, wieder aufzustehen und
Ereignisse aus einer anderen Perspektive zu sehen. Über
das so oft missverstandene Thema Selbstliebe, etwas, das

sich nicht über Nacht entwickelt, wie auch bei mir. Viele Jahre, viele schöne und vor allem schmerzhafte Erfahrungen haben mich lernen lassen und mir immer mehr gezeigt, wie heilsam und befreiend es sein kann, ein Gefühl der Liebe für sich selbst zu entwickeln und einen guten Zugang zu sich selbst zu haben.

Wenn wir diese Kraft der Liebe in uns spüren, wird das Leben um so Vieles leichter!

Und wenn dieses Buch die Kraft hat, Sie, liebe Leserin, lieber Leser, auf Ihrem Weg zu inspirieren, dann hat mein Buch einen Sinn.

Ein Anfang

Es ist Sommer 2022. Ich sitze auf meiner Terrasse in Wolfurt und schaue ins Grüne. Ich liebe diesen beruhigenden Blick in die Natur, auf diese Blumenwiese, die sich jeden Tag anders zeigt, ich bestaune die leuchtenden Sonnenblumen, die sich beherzt zur Sonne hin öffnen, trinke meinen ersten Kaffee und bin glücklich.

Ich habe gerade turbulente Zeiten hinter mir und vor einem Monat meine Abschlussprüfung zur Lebens- und Sozialberaterin absolviert.

Seit vielen Jahren arbeite ich schon als Moderatorin und Redakteurin bei einem Radiosender, vorher war ich sieben Jahre in Wien, habe Schauspiel studiert und an einigen Theatern gespielt. Und davor? Matura und Pädak Feldkirch, die Ausbildung zur Volksschullehrerin.

In den letzten Jahren habe ich zwei Bücher veröffentlicht, »Herz Erzählungen« und »Farben der Seele«.

Und jetzt? Wohin zieht es mich? Was wird kommen? Das muss ich im Moment gar nicht wissen. Im Moment sitze ich an diesem warmen Sommertag auf meiner Bank und tippe in meinen Computer. Ich bin gerade im Jetzt verankert und das ist alles, was zählt. Und dennoch reisen meine Gedanken in die Vergangenheit.

Meine Kindheit

Ich bin in Nüziders in Vorarlberg aufgewachsen, mein Vater war Eisenbahner mit italienischen Wurzeln, meine Mutter kommt aus Deutschland. Als Kind der Siebziger lernte ich schnell, was es heißt, keine richtige Vorarlbergerin zu sein. Meine Mutter hatte es oft schwer, als Deutsche integriert zu werden, und meine zugewanderten Großeltern bekamen ebenfalls zu spüren, was es heißt, keinen typisch vorarlbergerischen Nachnamen zu haben.

Unglaublich, wenn ich daran denke, wie ich mich als Kind in der Volksschule für den Namen Franceschini geschämt habe! Konnten oder wollten die Lehrer damals meinen Namen nicht richtig aussprechen?

»Wie spricht man diesen Namen nur aus ... Franzi – zini? Franziskini?« Damals habe ich mir oft gewünscht, einen Nachnamen wie Galehr, Burtscher oder Zech zu haben, diese Namen müssen wohl selten buchstabiert werden. Erst viel später wurde mir bewusst, dass meine italienisch sprechenden Großeltern väterlicherseits bewusst kein italienisch mit uns Kindern sprachen. Sie wollten, dass wir perfekt integriert werden und perfektes Vorarlbergerisch sprechen. Heute kann ich mich besser französisch als italienisch verständigen, was ich immer wieder bedauere.

Sich anpassen, dieses Thema würde noch eine große Rolle in meinem Leben spielen.

Ich war ein sehr schüchternes und verträumtes, aber auch ein temperamentvolles Kind. Meine Mutter sagt mir heute noch, dass meine Locken so wild und unberechenbar wie meine Gedanken sind! Ich lebte in meiner eigenen Traumwelt und merkte sehr schnell, welches Verhalten bei Erwachsenen ankommt und welches nicht. »Irgendetwas an mir stimmt nicht, irgendwas an mir ist verkehrt«, dachte ich oft und wollte um alles in der Welt normal sein, so wie die anderen. Wie ein Seismograph konnte ich Stimmungen in einem Raum erfassen und adäquat darauf reagieren. Schon früh lernte ich, mich anzupassen und versank immer wieder in meiner eigenen Welt. Ich weiß noch, wie meine Eltern besorgt waren, als sie dachten, ich würde schlecht hören. Der Arzt, der mich untersuchte, lächelte nur und meinte: »Sie hört offenbar nur, was sie hören will!« Er hatte wohl Recht ...

Unser Familienleben war nicht immer einfach, mein Vater arbeitete viel und hart, damit wir gut über die Runden kamen. Neben seinem Job bei der Bahn arbeitete er noch zusätzlich als Taxifahrer, ich kann mich gut erinnern, wie übermüdet er oft war. Wir Kinder mussten uns beim Spielen leise verhalten, damit mein Vater sich vor einem langen 12 Stunden-Nachtdienst ausruhen konnte. Ich weiß noch, wie sehr er sich immer ärgerte, wenn er es nicht schaffte, »vorzuschlafen«.

Ansonsten waren wir Kinder, also mein sechs Jahre älterer Bruder, meine um vier Jahre jüngere Schwester und ich, auch aufgrund der beengten Verhältnisse, zum

Spielen immer draußen. Wir wohnten in einem von drei Eisenbahnerblocks, da war immer etwas los. Entweder spielten wir Fangen oder Verstecken, Völkerball oder »Gummi hüpfen«. Kennen Sie dieses Spiel? Ein einfacher Gummi wird verknotet, zwei Mitspieler ziehen ihn auf eine Länge von ca. zwei Metern auseinander und ein dritter Mitspieler hüpft darauf herum. Einfach genial!

Im Winter bauten wir Schneemänner oder zogen los zum Nüziger »Grasbühel«. Nie werde ich folgende Geschichte vergessen.

Blaue Stunde

Die Kindheit, so nah. So war doch erst gestern!

Emotionen, Berührungen und Empfindungen, die für immer in uns gespeichert sind. Winter, Schnee, Kälte.

Meine Schwester und ich stecken in unseren Schneeanzügen, die Kappen tief in die Stirn gezogen, die Fäustlinge nehmen uns unsere Fingerfreiheit. Aber die müssen sein, es ist kalt, und die Hände frieren schnell ohne Schutz beim Ziehen der dünnen, in die Haut schneidenden Kordel des Rodels. Und immerhin sitzt da noch die kleine Schwester drauf, die gezogen werden will.

Wir gehen rodeln, ich ziehe meine Schwester ohne Kommentar durchs Dorf zum vertrauten Hügel, bei dem sich alle treffen, Kinder und Erwachsene mit Schlitten und Schiern, ein wunderbarer Hang zum Schifahren-Lernen, obwohl, ab der Mitte bis ganz nach oben wird es ziemlich steil, dort können nur Geübte fahren, die sich nicht ängstigen, wenn sie am höchsten Punkt des Hügels stehen und alles überblicken. Das ist was für Mutige.

Mir ist ganz warm, ich ziehe jetzt die Handschuhe aus, die Sonne scheint mir ins Gesicht, die Schwester auf dem Rodel wird immer schwerer, die Kordel schneidet in meine Hand, aber das macht mir nichts aus. Absteigen und rauf auf den Hügel. Endlich, wir kommen bei der Hälfte an, das genügt uns. Wer zieht, darf auch vorne sitzen, hinter mir die Schwester. Hält sie sich überhaupt an mir fest? Sie saugt an ihrem Fäustling. Wir fahren wie in Zeitlupe den Hang hinunter, 1, 2, 3, 4, 5 … Nach wenigen Sekunden bleibt der Schlitten wieder stehen, er steckt im Schnee fest. Meine Schwester lässt sich in die weiße Pracht fallen und kichert. Ihre Wangen glänzen rot und vor Glück. Sie blinzelt in die Sonne. Nochmal! Und ein weiteres Mal! Ein Wintermärchen. Die große Schwester zieht, dieses Mal muss die Kleine nebenher durch den Schnee stapfen. Nach einer gefühlten Ewigkeit starten wir wieder, 1, 2, 3 … Ein paar Meter noch und der Schlitten bleibt wieder im Schnee stecken. Immer wieder. Die Schwester lacht jetzt nicht mehr, sie friert und ist müde. Ihr Gesichtsausdruck ist grantig. Trotzdem will sie weitermachen. Mir tun die Oberschenkel weh, aber mir ist warm. Nochmal, und noch einmal. Die Schatten werden länger, die Kinder werden weniger. Wir brechen auf, ab nach Hause.

Die Schwester lässt sich ziehen. Der Heimweg macht mir nichts aus, es geht immer ein bisschen abwärts. Ruckartig bleibe ich stehen. Bis nach Hause sind es nur noch ein paar Schritte.

Die Handschuhe. Die nassen, vollgesogenen dunkelblauen Fäustlinge. Einer liegt auf dem Schlitten, der andere ist weg.

Panik. Das Herz schlägt bis zum Hals, mir wird heiß. Wir müssen zurück, schnell. Blaue Stunde. Die Sonne ist untergegangen. Der Schnee leuchtet jetzt nicht mehr weiß, er hat die Farbe Blau angenommen. Angst kriecht in mir hoch. Wo ist der Handschuh?

Das Gewicht meiner Schwester macht mir nichts aus.

Meine Schritte werden schneller, ich kämpfe gegen die Dämmerung, gegen meine Tränen, gegen die Verzweiflung. Gleich bin ich im Dorf, dort sind noch einige Kinder und ihre Eltern, sie lachen und machen Faxen, sie sehen meine Tränen nicht. Da hinten. Mitten im Schnee, nur einige Meter von unserem vertrauten Hügel entfernt, da liegt er, einsam, verlassen, vergessen, gleichgültig harrt er der Dinge. Mein Handschuh! Ich bin so erleichtert, die Kindertränen kullern über die heißen Backen. Ich lächle meine Schwester an, sie schaut nur und gibt mir mit einem Ruck zu verstehen, dass ich weitermachen soll. Sie will nach Hause, ihr ist kalt. Ich bin überglücklich. Der Schlitten saust fast von alleine über die schneebedeckten Gehsteige, ab und zu die Straße queren, der Kies quietscht auf dem Metall der Kufen. Ab nach Hause.

Der Handschuh, ich habe ihn wieder.

Die blaue Stunde, sie wird dunkelblau, auf der Straße sind keine Kinder mehr zu sehen. Ich renne, meine Schwester ist ein Fliegengewicht.

Endlich zu Hause. Vorwurfsvolle Worte meiner Mutter, jaja, ich weiß. Sie weiß nicht, wie glücklich ich bin. Mein Handschuh und ich haben uns wieder, ganz zärtlich lege ich beide auf den Heizkörper, morgen müssen sie ja wieder trocken und warm sein, morgen geht es wieder in den Schnee.

Ich streife den nassen Schneeanzug von meinem Körper und kuschle mich mit Pullover und Strumpfhose an das weiße, warme Metall in der Küche. Mama hat noch Kakao für uns. Und Zopfbrot.

Sie weiß nicht, wie glücklich ich bin.

Aus »Herz Erzählungen«, 2016

16

Durch meine Verträumtheit verlor ich nicht nur immer wieder Gegenstände, ich vergaß auch regelmäßig die Zeit, trödelte und brauchte für den Schulweg doppelt so lang wie andere Kinder, weil ich noch Blumen und Käfer bestaunen musste. Dadurch, dass ich so gedankenverloren durch die Welt tapste, passierten immer wieder kleinere Unfälle. Meine Mutter zuckte immer zusammen, wenn ein Kind schrie oder weinte, weil sie automatisch annahm, dass es sich um mich handelte. Kein Wunder, hatte ich doch regelmäßig Platzwunden am Kopf, das eine Mal, weil ich in ein vorbeikommendes Fahrrad stolperte, ein anderes Mal, weil ich beim Spielen mit meiner Freundin in einer Waschschüssel die Leiter vom Stockbett herunterrodelte und mit dem Kopf gegen den Heizkörper prallte oder ich tanzte in einem neuen Kleid vergnügt durch die Gegend und fiel im Hauseingang die Treppe hinunter. Bald hatte ich den Ruf eines Pechvogels, was mir nicht unangenehm war. Frisch verarztet, konnte ich mir der Aufmerksamkeit meiner Familie und meiner Freundinnen immer sicher sein.

Dazu kam noch, dass ich ein sehr zartes Kind war, dem die Erwachsenen nicht allzu viel zutrauten.

»Was soll aus diesem Kind wohl werden? Isst es zu wenig?«

Diese Sätze musste sich meine Mutter öfter anhören. Die Idee, mich nach der Volksschule ins Gymnasium zu schicken, fand meine damalige Volksschullehrerin bedenklich. Und: Oh Wunder! Ich habe das Gymnasium überlebt. Und das gar nicht mal so schlecht.

Mit elf Jahren durfte ich den Sommer in Kanada verbringen, was für ein Erlebnis! Meine Tante lebte damals mit ihrer Familie in Toronto und jedes Kind in der Franceschini-Familie durfte einmal dort den Sommer verbringen. Meine Tante verbrachte erst ein paar Tage bei uns ihren Urlaub, und dann, nach Schulschluss, ging es los, sie nahm mich mit und wir flogen beide nach Kanada. Ich verbrachte dort einen der schönsten Sommer meiner Kindheit. Ich kann mich noch gut daran erinnern, wie vertraut mir die Sprache Englisch war, daran, dass ich sogar auf Englisch träumte, an ein Zimmer nur für mich, an Frühstück im Bett, endlose Tage am Pool, Ausflüge mit meiner Tante, meinem Onkel und meinen beiden Kusinen, Grillabende und Kinder aus der Nachbarschaft. Ein schier endloser Sommertraum.

Anfang September meinte meine Tante, dass ich in ein paar Tagen wieder nach Hause müsse, weil ja die Schule losging. Ich weiß noch, wie erstaunt ich darüber war. Heute glaube ich, wenn man mir gesagt hätte, ich würde ab jetzt in Kanada leben und dort zur Schule gehen, dann hätte ich mich zwar darüber gewundert, aber die Situation auch ohne zu hinterfragen akzeptiert. Man übergab die kleine Carmen also einer Stewardess, die auf mich aufpasste, drückte mir einen Teddybär mit der Aufschrift »I love Canada« in den Arm (den habe ich heute noch), und setzte mich in den Flieger. In Zürich angekommen, wartete dort schon meine Familie auf mich. Nach einer stürmischen, liebevollen Begrüßung sprudelte es nur so aus mir heraus, ich begann begeistert zu erzählen und war voll in meinem Element und wunderte mich über die verstörten Gesichter meiner Eltern, die kein Wort verstanden. Der Grund war offensichtlich, denn ich redete in einer Tour nur Englisch und mein Bruder begann nach ein paar Minuten, meine Geschichten für meine Eltern zu übersetzen. Die absurde Situation dauerte noch ein bisschen an, ohne dass ich verstand, was sich abspielte. Ich weiß noch, wie ich mich ein bisschen darüber ärgerte, dass meine Eltern sich so gar nicht für meine Erzählungen interessierten. Plötzlich fiel mir irgendein Detail aus der Schule ein, in meinem Kopf wurde ein Schalter umgelegt, und das Kind, das Vorarlbergerisch redete, war zurück. Meine Mutter weinte vor Erleichterung, wie verrückt war das damals!

Das in seiner Traumwelt lebende Kind mit seinen wilden Gedanken wurde älter. Ich weiß noch, wie sehr mich die ersten Jahre meiner Pubertät geprägt hatten. Ich fühlte mich wie ein kleines, hässliches Entlein und hatte keinerlei Selbstbewusstsein. Die Vergleiche mit den Mädchen aus der Schule waren für mich ernüchternd und frustrierend. Mein angepasstes Verhalten diente immerhin dazu, dass ich zwar akzeptiert, aber nie ganz ernst genommen wurde, sogar meine Lehrer machten sich über mich lustig. Ich weiß noch, wie ich von einer Professorin »das Cämi« genannt wurde. Details dazu erübrigen sich.

Mein Bruder konnte oft nicht mitansehen, wie verunsichert ich durchs Leben stolperte. »Du musst dich wehren«, predigte er oft, um mir ein bisschen Selbstbewusstsein einzupflanzen. »Zeig' dich, du bist genauso viel wert wie die anderen.« Diese Sätze hallten in mir nach.

Dann machte ich eine Entdeckung. Ich war unterhaltsam! Ich hatte das Talent, Lehrer nachzuahmen. Ein kleiner Rachefeldzug begann. In den Pausen kamen meine Mitschülerinnen auf mich zu und baten mich, die oder den einen Lehrer nachzumachen, was zu allgemeinem Gelächter und Heiterkeit führte. Ich war im Mittelpunkt. Ich konnte es nicht fassen. Besonders gern zog ich Lehrerinnen ins Lächerliche, die dazu neigten, sich über mich zu amüsieren. Ich ahmte Lehrerinnen, Lehrer, Mütter, Mitschüler, jeden und jede, die mir einfiel, nach und mein Publikum brach in Gelächter aus.

Ich wurde zwar nicht ernst genommen, aber ich war beliebt und bekam Einladungen zum Eis essen und später zu Partys. Es lohnte sich offenbar, mich dabei zu haben, es war immer lustig und unterhaltsam mit mir. Das habe ich verinnerlicht.

Ich hatte meine Rolle gefunden. Wenn ich den Schalter in mir umlegte, verwandelte ich mich in einer Sekunde von der schüchternen, leicht zu verunsichernden und naiven Carmen in einen redegewandten, selbstbewussten Teenager, der mit seinen Geschichten zu unterhalten wusste.

Ich merkte bald, dass dieses Bild der lustigen, witzigen Carmen auch bei jungen Männern gut ankam. An meine ersten Phasen der Verliebtheit kann ich mich gut erinnern. Ich war der Kumpeltyp, mit dem man gerne Zeit verbrachte. Wenn ich verliebt war, dann nur heimlich, ganz tief in mir drinnen war ich mir sicher, dass ich meinen Schwarm nicht verdient hatte. Ich weiß noch, wie gerne ein Junge aus der Nachbarschaft, den ich verehrte,

Zeit mit mir verbrachte. Eines Abends hatten sich alle anderen Freunde schon verabschiedet, ich blieb alleine mit diesem Jungen auf einer Bank sitzen und hatte vor lauter Aufregung Herzklopfen, weil ich spürte, dass er mir etwas Wichtiges sagen wollte. Mein Schwarm stotterte herum und beichtete mir schlussendlich, dass er Hals über Kopf in meine beste Freundin verliebt war und bat um Tipps von mir, wie er sich verhalten solle, damit er Chancen bei ihr hätte.

Dieses Erlebnis hat mich sehr geprägt. Die anderen, schöneren, besonderen Mädchen bekommen ihren Traumprinzen, ich bin höchstens die lustige Vermittlerin.

Ein paar Jahre später klappte es dann doch mit der Liebe und ich hatte mit siebzehn meinen ersten richtigen Freund, mit dem ich einige wunderschöne Jahre verbrachte.

Tief in mir drinnen war ich immer noch das verunsicherte Mädchen, dass sich oft deplatziert und anders als die anderen fühlte. Normal sein, normale Ziele und Wünsche im Leben haben, so wie die anderen sein, zumindest ein bisschen, das wollte ich.

Angespornt von meiner ersten Liebe, entdeckte ich meine Begeisterung für das Schauspiel. Dabei wollte ich doch eine »normale« Ausbildung machen, denken und fühlen wie alle anderen, eine »normale« berufliche Laufbahn einschlagen, in einer Bank zum Beispiel, oder als Verkäuferin. Außerdem war es absurd. Ich, die ich so schüchtern war und kein nennenswertes Selbstbewusstsein hatte, wollte auf die Bühne. Naiv, wie ich war, hatte ich natürlich ein verklärtes Bild von einem Filmstar im

Kopf, der ich werden wollte. Ich gab mich Phantasien und Träumen hin, die nichts mit der Realität zu tun hatten. Diese Zerrissenheit in mir war immer mehr spürbar und sollte sich in meinem Leben öfter zeigen.

Meine Eltern waren naturgemäß nicht begeistert. Mein Bruder träumte in ihren Augen schon versponnene Musikerträume und las ihrer Meinung nach etwas zu exzessiv Bücher von Philosophen wie Nietzsche und Co. Da sollte zumindest das zweite Kind etwas »ghörigs« lernen, wie man in Vorarlberg so schön sagt.

Ich kann die Beweggründe meiner Eltern im Nachhinein natürlich verstehen. Mein Vater kam damals sehr jung zur ÖBB, ein fixer Job auf Lebenszeit war das Größte für ihn und meine Mutter. Sich nicht mehr Sorgen um das Einkommen machen müssen, für die Familie sorgen zu können, das war damals in den Siebzigern und Achtzigern ein hohes, erstrebenswertes Ziel. Die Bahn bot anfangs zwar ein sehr geringes, aber sicheres Einkommen. Sicherheit war das, was zählte.

Und dann kommt die Tochter mit Flausen im Kopf daher und will Schauspielerin werden. Ein Beruf mit unsicheren Aussichten, auf jeden Fall kein »Brotjob«, der für mich passend schien. Da passte die Aussicht auf eine Lehreranstellung in einer Volksschule schon eher. Meine erste Liebe scheiterte, ich landete wieder auf dem Boden der Realität und wurde in der pädagogischen Akademie in Feldkirch angemeldet.

Ich weiß noch, wie dumpf sich diese Zeit anfühlte, ich habe nur mehr wenige Erinnerungen an diese drei Jahre. Ich ging einen Weg, der sich jeden Tag falsch anfühlte.

Nach außen hin funktionierte ich und brachte die Ausbildung auch zum Abschluss, innerlich hatte ich das Gefühl, irgendetwas verkümmert in mir. Ein Highlight, an das ich mich erinnere, gibt es doch. Ein Theaterstück über das Thema »Schule – damals und heute« wurde aufgeführt. Ich machte mit, im Nachhinein weiß ich nicht mehr, wie ich zur Rolle des dauernd schreienden und Parolen predigenden Nazilehrers kam. Ich legte meinen ganzen Frust und meine Wut in diese unbeliebte Rolle, die niemand spielen wollte und bekam dafür viel Anerkennung. Niemand hatte mir, einem unscheinbaren, unauffälligen Mädchen wohl zugetraut, dass es in Uniform und Militärstiefeln derart arrogant, wütend und brutal sein konnte, und sei es nur auf der Bühne.

Ich hätte wohl nach der Pädak angefangen, irgendwo in Raggal, Nüziders oder Tschagguns zu unterrichten und mir eingeredet, dass dieser Weg gut für mich wäre, doch das Leben hatte etwas anderes mit mir vor.

Ich traf meinen Exfreund wieder, der nicht glauben konnte, dass ich meine Theaterträume so schnell aufgegeben hatte und animierte mich, auch nach Wien zu kommen, um dort zumindest zu versuchen, in einer Schauspielschule zu landen. Und dann kam ich nach Wien.

Schauspieljahre

Genauso, wie ich bisher verträumt durchs Leben stolperte, genauso landete ich in einer Schauspielschule. Ich war wie eine Feder im Wind, willenlos, ohne Halt, je nachdem, woher der Wind kam, wurde ich durch die Luft gehoben und landete zufällig irgendwo. Oder auch nicht. Wie durch ein Wunder, oder auch durch Fügung, trug mich das Leben an Orte, die mich näher zu mir brachten. Die mich forderten und mich zwangen, mich mit mir selbst auseinanderzusetzen, wenn auch auf sehr schmerzliche Weise.

Ich weiß noch, wie ich eine Woche um das Telefon schlich, weil ich mich nicht traute, in einer Schauspielschule Infomaterial anzufordern. Immer, wenn ich diese Geschichte erzähle, ernte ich ungläubige und erstaunte Blicke. Ja, ich war extrem schüchtern und ängstlich. Warum ich glaubte, in eine Schauspielschule zu wollen, wusste ich selbst nicht. Irgendeine Kraft in mir spornte mich an, diesen Weg auszuprobieren.

Als ich dann eines Freitags endlich wagte, im Konservatorium anzurufen, hieß es, die Aufnahmeprüfung sei kommenden Montag, ich könne mich noch anmelden. Ganz euphorisch sagte ich zu, nur um im nächsten Augenblick Panik zu bekommen. Andere Schauspielschüler bereiteten sich auf so eine Prüfung ein halbes Jahr vor, und zwar mit einem Schauspiellehrer. Völlig naiv griff ich in einer Buchhandlung nach einem Reclam-Büchlein von Peter Turrini, das Stück hieß »Die Minderleister«. Ich hatte keine Ahnung vom Inhalt dieses Werkes, ich fand einen langen Monolog einer weiblichen Person namens Anna und lernte diesen während eines Umzugs, der zwischen Telefonaten und Aufnahmeprüfung über die Bühne gehen musste, auswendig. Wie verrückt war das im Nachhinein.

Montags fand ich mich also auf der Bühne wieder und lieferte den brav auswendig gelernten Monolog ab, bewältigte dann noch ein paar weitere Aufgaben und dann hieß es, ich sei aufgenommen worden. Ungläubig starrte ich die Abteilungsleiterin an. Was wohl in diesem Moment in ihrem Kopf vorging? Dieses seltsame Mädchen aus dem Westen Österreichs musste wohl ein bisschen naiv und grün hinter den Ohren gewirkt haben, ein bisschen nicht ganz von dieser Welt. Ganz sicher war ich mir ja nicht, ob das wirklich mit der Aufnahmeprüfung geklappt hatte, dennoch beschloss ich, in den kommenden Tagen in der Schule zu erscheinen.

Insgesamt war ich vier Jahre lang am Franz Schubert Konservatorium in Wien. Schmerzhafte und lehrreiche Jahre. Viele Male wollte ich das Handtuch werfen und aufgeben, immer wieder wurde ich dazu überredet, zu bleiben.

Ich wollte kapitulieren, aber es schien so, dass das Leben etwas anderes mit mir vorhatte und mich im wahrsten Sinne vor den Vorhang schubste.

Ich mit mir

... das ist ein Anfang.

Das wird nicht leicht. Ich fürchte mich. Es wird sicher auch ein Kampf. Ich mit mir, das klingt nach wenig. Als ob da ein Mangel wäre. Ich mit mir, das klingt nach Einsamkeit und Kälte. Nur ich mit mir. Ganz alleine. Ich mit mir, das ist aber auch ein Pakt. Wir werden einander nicht los. Es ist gut, in eine Richtung zu schauen, wie Freunde. Eine Verbindung, lebenslang. Aus Mangel kann Fülle entstehen. Aus Kälte wird Herzenswärme. Der Weg ist ein langer, ich erahne die Tränen. Es ist der einzige Weg, der sich mir zeigt. Er könnte sich lohnen.

Schmerzhafte Jahre, werden Sie sich vielleicht fragen? In einer Schauspielschule? Ich weiß, schon allein das Wort beflügelt die Phantasie, junge Leute träumen davon, entdeckt und über Nacht zum Star zu werden, davon, mit besonderen Regisseuren an tollen Stücken zu arbeiten, um dann doch für den Film entdeckt zu werden, der auf jeden Fall, vor allem in finanzieller Hinsicht, noch attraktiver ist und noch mehr Anziehungskraft hat als die Bühne.

Ich fand mich also in einer Gruppe von fast ausschließlich jungen Frauen wieder, die meisten kamen aus Städten wie Frankfurt oder München, andere waren in Wien beheimatet. Anfangs waren wir über dreißig, die Zahl derer, die den Abschluss schaffte, lag vier Jahre später bei sieben.

Wir alle träumten davon, entdeckt zu werden, etwas Besonderes zu sein und davon, dass endlich jemand die in uns schlummernden Talente zu Tage befördert. Ich war im wahrsten Sinne von der Rolle, gefangen in einem faszinierenden Rausch. Wir fühlten uns alle miteinander verbunden und so besonders, wir lebten in einer bunten Blase, die Welt außerhalb davon war grau und fade. Ich spürte schon, dass mich etwas von den anderen eklatant unterschied, dieser Unterschied kam in den ersten Wochen noch nicht zum Tragen. Naiv, wie ich war, war ich in diese Welt hineingestolpert, und genau so naiv agierte ich auf der Bühne, vollkommen arglos, ohne Plan, und man attestierte mir Talent. Was wollte ich mehr? Ich war im siebten Theaterhimmel.

Endlich hatte ich eine Antwort darauf, warum ich mich oft so fremd unter Menschen fühlte, endlich fühlte ich mich verstanden und zugehörig, wie ein Tier, das endlich ein Rudel seiner Art findet. Mir fällt gerade die Geschichte des kleinen »Ich bin Ich« ein, für mich war es, als hätte ich eine Sippe von lauter »Ich bin Ich's« gefunden. In der Geschichte geht es allerding darum, dass dieses »Ich bin Ich« sich selbst und seine Einzigartigkeit entdeckt, und davon war ich Lichtjahre entfernt.

Nach der anfänglichen Euphorie wendete sich das Blatt. Auf der Bühne zeigte sich alles. Minderwertigkeitsgefühle, Komplexe, Unsicherheiten, jede Schwäche wurde wie unter einer riesigen Lupe für alle sichtbar. Dazu hatten wir Semesterprüfungen zu absolvieren, Theaterstücke zu lesen und so oft wie möglich ins Theater zu gehen. Ich wankte. Meine Kolleginnen zogen plötzlich an mir vorbei, mit strotzendem Selbstbewusstsein und einer Theaterobzession, die ich an mir nicht kannte. Die regelmäßigen Prüfungssituationen taten ihr Übriges, und unter dem scharfen, strengen Röntgenblick unserer Abteilungsleiterin fühlte ich, wie ich strauchelte. Ich konnte mich nicht mehr integrieren, kam mir vor wie ein Fremdkörper in dieser Theaterwelt, die ich so sehr bewunderte und in der ich mir vorkam wie eine kleine, graue Maus, die in dieser Welt nichts zu suchen hatte.

Immerhin, es ging vielen von uns so. Die anfängliche Glitzerwelt löste sich auf, übrig blieb, wer hart an sich und seinen Schwächen arbeitete und gleichzeitig das Schauspielern brauchte wie die Luft zum Atmen.

In der Schule hatte ich den Clown gespielt, um beliebt zu sein, dort erkannte ich mein Talent, zu unterhalten. In der Arbeit am Theater geht es um etwas anderes. Auf der Bühne sind Emotionen unser Handwerkzeug, mit dem wir arbeiten. Ein Schauspieler muss sich mit seinen Gefühlen auseinandersetzen, sie im richtigen Augenblick auf der Bühne einsetzen und kontrollieren können. Ich weiß noch, wie viele von uns kämpften. Wie manche auf der Bühne in Tränen ausbrachen, im Glauben, die Rolle überzeugend darzustellen, während die Emotionen nicht mehr zu steuern waren. Momente, die Narben hinterlassen, die die Seele schmerzen. Die Bretter, die die Welt bedeuten als Psychotherapie. Alles war auf einmal sichtbar auf diesen schwarzen, immer ein bisschen schmutzigen, Brettern in diesem Theater. Es war, als ob wir uns alle ein bisschen therapierten, wir wussten auf einmal die tiefsten Geheimnisse und Abgründe des anderen, bekamen Einblick in Familiendramen und tiefe seelische Verletzungen.

Näher zu mir

Jeder Schmerz, jede Träne, ein Schritt näher zu mir.

Jede Verzweiflung, jede Erschütterung, und ich bin wieder sichtbar für mich.

Jedes Straucheln, jedes Stolpern sind Schritte zu mir.

Meine Augen, sie erzählen Geschichten, von dunklen Tälern und eisigen Höhen, von Einsamkeit und Seelenfarben, von tiefsten Tiefen des Ozeans und der Freiheit des Adlers hoch oben im Himmel.

Meine Seele, sie kennt die Farben des Lebens und Sterbens.

Und jede Träne, sie ist willkommen, sie führt mich zu mir.

Die Zeit in der Schauspielschule ließ mich meine Herkunft hinterfragen. Ich bohrte in meiner Kindheit, konfrontierte meine Eltern mit unangenehmen, uralten Geschichten und rebellierte gegen dieses vorarlbergerische Angepasstsein. Eine unglaubliche Wut brach aus mir hervor wie ein Vulkan, ich schlug um mich und begann, mich ein bisschen zu emanzipieren, zumindest spürte ich in mir eine ungeahnte Kraft. Diese Kraft half mir sicher auch, nach vier Jahren den Abschluss zu machen. Ich wechselte später in eine andere Gruppe, in der ich mich sehr wohl fühlte. Unter diesen Bedingungen spürte ich bei der Abschlussprüfung wieder eine ähnliche Leichtigkeit beim Spielen wie in den ersten Wochen und Monaten in der Schauspielschule. Diese Freude, in andere Welten einzutauchen, war wieder da.

Sieben von über dreißig Schauspielstudentinnen machten den Abschluss. Vielen war der Weg dorthin zu steinig, oft zu hart und emotional zu brutal, so ganz anders als die Glitzerschauspielwelt, von der sie träumten.

Wie es Abschlüsse oft so an sich haben, heben sie einen erst in den Himmel, in diesem Falle in den Himmel der diplomierten Schauspielerinnen, die sich jetzt hoffentlich vor Rollenangeboten kaum retten konnten. Es sollte so weitergehen, dieses Gefühl, auf der Erfolgswelle zu schwimmen, gleich nach dem Abschluss zu spielen, Erfolg zu haben, und mit jeder Rolle ein bisschen bekannter und berühmter zu werden.

»Die Schauspielerei ist ein brotloser Job«. Diesen Satz kennen wir alle. Und er stimmt, für die meisten trifft er zu. Während meiner Schauspielzeit finanzierte ich mir mein Leben in Wien mit verschiedenen Kellnerjobs, die blieben, obwohl ich jetzt ein Diplom in der Tasche hatte. Beim Kellnern habe ich oft das Verhalten meiner Gäste studiert und viel über die Menschen und das Leben gelernt. Und viele Begegnungen aus dieser Zeit möchte ich nicht missen. Immer wieder denke ich mit einem Lächeln an folgende Geschichte.

Ein Wunder

Immer wieder sind mir in meinem Leben Menschen begegnet, die mir im richtigen Moment einen nötigen Stupser oder Hinweis gegeben haben, manchmal hat sich in einem scheinbar banalen Satz eine Lösung offenbart und dann sind mir in meinem Leben Dinge passiert, die ich im Nachhinein selbst kaum glauben kann.

Anfang 20 zum Beispiel habe ich als Kellnerin in einem Heurigen gearbeitet. Ein enger Bekannter von mir war in Not, es ging damals um 1400 Schilling, die er dringend benötigt hätte. Ich wollte ihm helfen, wusste aber nicht wie. Der Betrag war zu hoch, um ihn einfach so in ein paar Tagen aufzutreiben, vor allem für mich als Studentin, die nebenbei ihr Schauspielstudium finanziert. Ich wusste mir keinen Rat, und rückblickend war es ein bisschen so, als ob ich mein Problem nach »oben« abgegeben hätte. »Nachdenken nützt eh nichts«, dachte ich mir.

Dann kam ein Gast, er war allein, aß etwas, trank ein bisschen Wein und wollte dann später zahlen. »Das macht 96 Schilling aus«, sagte ich. Er drückte mir 100 deutsche Mark in Form eines Geldscheines in die Hand und sagte »passt so«.

Ich protestierte natürlich und sagte, dass ich dieses Geld nicht annehmen könne. Ich drehte mich um und kümmerte mich um die anderen Gäste. Dann meinte der Mann, und ich weiß noch, wie er gelächelt hat:

»Wenn Sie das Geld nicht nehmen, lege ich noch einen 100er drauf.«

»Der ist verrückt, ich ignoriere ihn einfach«, dachte ich, mir war nicht mehr ganz wohl bei der Sache.

Anschließend sah ich, wie er das Lokal verließ, sich nochmal umdrehte und sagte, »Danke Carmen«.

Auf dem Tisch lagen 200 deutsche Mark, 1400 Schilling. Genau der Betrag, den ich so dringend brauchte. Ich besprach mich mit meinen Kolleginnen und beschloss, das Geld erst einmal im Lokal in eine Schublade zu sperren. Nach meinem Dienst ging ich nicht wie üblich zur U-Bahn, sondern leistete mir ausnahmsweise ein Taxi. »Wer weiß, vielleicht ist er ein Irrer, der mich verfolgt,« dachte ich mir.

Ich habe ein paar Tage gewartet und mich schlussendlich dazu entschieden, das Geld zu nehmen, wenn auch sehr zögerlich. Ich sah den Mann nie wieder.

Diese Geschichte ist Jahrzehnte her. Sie hat mich tief geprägt und berührt. Ich bekam auf einmal das Gefühl dafür, dass es Hoffnung gibt in Zeiten der Not. Dass das Göttliche, das Universum, uns nie im Stich lässt. Dass es da etwas gibt, ein Netz, das einen auffängt.

Es ist dieses Gefühl, dass auf uns geschaut wird. Dass wir nicht alleine kämpfen. Dass wir darauf vertrauen können, dass alles wieder wird. Dass uns Hilfe geschickt wird. Dass wir, egal, was ist, niemals allein sind!

Und es gab seit damals immer wieder Situationen in

meinem Leben, in denen ich ratlos oder hilflos war. Und dann sagt oder tut jemand etwas, und siehe da, ein Weg zeigt sich. Mit der Zeit lernte ich, dass diese innere Gewissheit darüber, dass ich nie alleine kämpfe, etwas mit Urvertrauen zu tun hat.

Nie

Zweifle nie daran, dass dieser Moment, jetzt, vollkommen ist. Hadere nie mit diesem besonderen Augenblick, der in deinen Vorstellungen ganz anders ist als du dir erwartet hast, weil du dich verstiegen hast in Traumwelten, die dir vorgaukeln, wie es sein müsste oder sollte.

Glaube fest daran, dass dieser Moment so kostbar, wahrhaftig rein und pur ist und nicht ausgetauscht werden will. Es ist dein Leben und beinhaltet alle Geheimnisse, von denen du noch nichts wissen kannst.

Lass ihn sein, nimm ihn an, diesen scheinbar unvollkommenen, mangelhaften Moment, er spiegelt dein Leben wider und zeigt dir, was du brauchst und was nicht. Wirf alle Vorstellungen über den Haufen, atme tief ein und spüre das Leben, genau jetzt, spüre, wie vollkommen und wertvoll es ist.

Während die Jahre in der Schauspielschule unsere Charaktere reifen ließen, kam die Prüfung des Lebens erst nach der Abschlussprüfung. Hier zeigte sich schnell, welche meiner Kolleginnen das Selbstbewusstsein hatten, irgendwelchen angesagten Regisseuren auf Premierenfeiern ihren Lebenslauf unter die Nase zu halten und ein bisschen Werbung für sich selbst zu machen. Nach der Schauspielschule ging es mit dem Kampf um Rollen erst richtig los, wer war zäh genug, wer brannte am meisten für dieses Leben? Ich hatte meinen Kellnerjob und wurde zusehends verzagter. Durch meine Verträumtheit hoffte ich insgeheim, wie durch ein Wunder in meinem Restaurant entdeckt zu werden, offenbar hatte ich zu viele Filme angeschaut. Kein Regisseur kam auf mich zu und engagierte mich vom Fleck weg, so wie ich es gehofft hatte. Im Gegenteil, mein Selbstbewusstsein schwand dahin, die Erlebnisse auf diversen Castings waren nicht immer aufbauend. Wenn ein Engagement winkte, dann waren wir jungen Absolventinnen so überglücklich, dass wir übersahen, wie wenig wir auf den berühmten Brettern, die die Welt bedeuten, verdienten. Die Regisseure waren sich natürlich darüber im Klaren und profitierten davon, junge, willige Schauspielerinnen für einen Hungerlohn einstellen zu können. Meine Welt bestand auf jeden Fall weiterhin darin, zu kellnern und weiterhin auf DAS große Engagement zu hoffen.

Dieser Beruf des Schauspielers zeigt ziemlich gut, wie es um die Liebe zu sich selbst steht. Ich weiß noch, wie sehr unsere fast ausschließlich weibliche Gruppe in der Schule sich über die Maßen mit dem Aussehen befasste. Waren wir dünn genug? Hübsch genug? Kollegin XY hatte auf jeden Fall schlankere Beine, eine zierlichere Nase und einen größeren Busen, da war es schwer, mitzuhalten. Im großen Turnsaal trainierten wir an der Spiegelwand und eine Kollegin meinte: »Ich hasse es. In diesem Spiegelsaal kann ich nicht tanzen, dauernd sehe ich meinen Körper und jedes Gramm Fett daran.«

Hatte eine Kollegin gerade drei kg abgenommen? Dann wusste es die ganze Gruppe. Die »Glückliche« schwebte gerade im Siebten Himmel, fühlte sich attraktiv und begehrenswert und ganz sicher würde sie obendrauf gleich noch ihre Traumrolle am Traumtheater bekommen, während sich ihr Traumprinz in sie verliebt. Und wenn dieselbe Frau frühmorgens auf der Waage feststellt, dass sie zugenommen hat, dann kippt alles ins Gegenteil.

Vorbei ist es dann mit der Selbstliebe. Wir hassen uns für unsere Disziplinlosigkeit, dafür, nicht Maß halten zu können, nicht so schlank, attraktiv, etc. sein zu können wie die anderen. Der Vergleich mit anderen ist ein Garant dafür, unglücklich zu werden, er führt uns weg von der Wahrnehmung für uns selbst.

Essstörungen waren vorprogrammiert. Ich freundete mich mit einem Mädchen an, das unter Bulimie litt, und ich merkte gar nichts davon. Wir redeten viel über gesundes Essen und sparten tagsüber Kalorien, um uns abends für unsere Disziplin (Obsttage) mit Bergen an Chips und Schokolade zu belohnen. Kalorientechnisch ging sich das ja alles gut aus! Generell essen Studenten meistens nicht unbedingt hochwertiges Essen, die meisten haben keine Zeit und keine Lust zu kochen, unterwegs gibt es Burger oder Pizza, und an besonders gesunden Tagen kommt Tiefkühlgemüse auf den Teller. Unter diesen Umständen ist es leicht, in eine Essstörung hineinzurutschen, vor allem, wenn man nicht vor Selbstbewusstsein strotzt. In meinem Fall sollte sich diese Art zu leben rächen.

Ich wurde immer verzweifelter, war schon Ende zwanzig und sah für mein Leben als Schauspielerin wenig Perspektive. Auftrieb gab mir ein Engagement in Graz, einen ganzen Monat wurde dort geprobt, in meinem Kellnerjob musste ich unbezahlten Urlaub anmelden. Ich weiß noch, wie sehr ich aufblühte. Es war September, die Tage waren sonnig und warm, zwischen den Proben bummelte ich durch die wunderschöne Altstadt, trank Cappuchino und fühlte mich wie ein Star. Wir probten für eine Verwechslungskomödie, ich spielte eine Schweizer Stewardess. Die Kolleginnen waren nett, nach den Proben gingen wir oft aus und feierten das Leben. Die Premiere rückte näher, und ich bekam Panik, nicht zuletzt aufgrund eines Satzes meines Regisseurs, den ich nie vergessen habe: »Jetzt haben wir gleich mal Premiere. Ruht euch nicht auf diesem Erfolg aus, jetzt schon müsst ihr alles daran setzen, um ein Folgeengagement zu bekommen!«

Ich spürte, wie sich Enge in mir breit machte. Die Premiere war ein großer Erfolg, damit waren aber auch die Probenwochen vorbei, die sich für mich wie Urlaub anfühlten. Die nächsten Wochen und Monate hatte ich wieder zu kellnern. Dankenswerterweise war ich im Mittagsgeschäft eingeteilt und arbeitete bis 15 Uhr, danach holten mich meine Kolleginnen bei der Arbeit ab und wir fuhren direkt zur Aufführung nach Graz.

Mein Körper begann zu rebellieren. Immer wieder bekam ich Kopfwehattacken und fühlte mich müde und ausgelaugt. Ich aß wenig, weil ich ja dünn bleiben und in mein enges Stewardessenkostüm hineinpassen musste, deswegen hungerte ich oft tagelang und das, was ich aß, war alles andere als hochwertig.

Ich brannte sozusagen wie eine Kerze an beiden Enden. Erst spätnachts kamen wir wieder in Wien an, und am nächsten Tag spielte ich wieder meine Rolle als Kellnerin und abends schlüpfte ich in mein enges Kostüm, stöckelte über die Bühne und rief »Schätzliii!«

Es war November und dementsprechend kalt. Die Heizung fiel im Auto, das ich mit meinem Partner teilte, aus, wir mussten im kalten Auto mitten in der Nacht wieder zurück nach Wien fahren. Und da spürte ich es zum ersten Mal, mein Körper streikte. Ich konnte beim Aussteigen meinen Kopf nicht mehr drehen, ich war wie steifgefroren. Am nächsten Tag hoffte ich, wieder fit zu sein. Im Gegenteil, mein Knie schmerzte. Tags darauf kam das andere Knie dazu. Ich verstand die Welt nicht mehr. Woher kamen diese Schmerzen? Der Arzt, den ich aufsuchte, wusste auch keinen Rat und verschrieb mir Schmerzmittel. Als die Symptome sich nicht besserten, beschloss ich in einer Spielpause, mich im Krankenhaus behandeln zu lassen. Ich weiß noch, es war Dezember und alles, was ich wollte, war ein funktionierender Körper. Ich hatte nicht damit gerechnet, dass mich die Ärzte zwei Wochen stationär aufnehmen und gründlich durchchecken würden. »Na gut«, dachte ich, »dann hab ich es mal schön gemütlich, die Götter in Weiß würden meinen Körper wieder herrichten und dann wäre alles wie vorher.«

Ich wurde untersucht, wurde zur Physiotherapie geschickt, doch mein Körper wollte nicht genesen. Plötzlich meldete sich das eine Sprunggelenk und versteifte sich, dann kam das zweite dazu. Meine Handgelenke ließen sich nur unter Schmerzen bewegen. Unter hochdosierten Schmerzmitteln merkte man mir nichts an und das war auch gut so, denn in diesen zwei Wochen Aufenthalt im AKH in Wien hatte ich trotzdem zwei Aufführungen in Graz zu absolvieren. Was tun? Ich MUSSTE auf die Bühne.

Die Ärzte schauten mich stumm an und ich wusste, sie hielten mich für vollkommen übergeschnappt. Ich pochte darauf, mich selbst auf meine Verantwortung zu entlassen (zumindest für die jeweilige Aufführung). Meine Schauspielkolleginnen holten mich nachmittags direkt im Spital ab und ich wurde mit Krücken ins Auto verfrachtet, humpelte in Graz in den Garderobenraum und, Schmerzmittel und Adrenalin sei Dank, funktionierte ich zu 100 Prozent auf der Bühne. Mir war nichts anzusehen! Kein Hinken, kein Schmerz während des Stücks, mein Auftritt in Kostüm und High Heels war perfekt. Nach der Vorstellung stieg ich wieder krückengestützt ins Auto und landete Stunden später nachts in meinem Bett im AKH.

Die zwei Wochen waren um, mir ging es nicht unbedingt besser, aber ich hoffte auf eine Diagnose, auf eine Lösung für meine geschwollenen, schmerzenden Gelenke und einen gangbaren Weg, der mich wieder vollkommen gesund machte.

Das, was dann folgte, erschütterte mich. Bei meiner Entlassung schaute der Chefarzt sehr nachdenklich, redete von über 300 verschiedenen Rheumaarten und wie wenig man immer noch darüber wisse. Er könne mir jetzt noch Antibiotika verschreiben, mitunter helfe das noch, aber ansonsten müsse ich mich auf ein Leben im Rollstuhl einstellen und werde an dieser Krankheit sterben. Oder es würde ein Wunder passieren, und ich würde gesund werden.

Auf der Heimfahrt war ich im wahrsten Sinne des Wortes gelähmt. Mein Lebensgefährte redete auf mich ein und versuchte, mich hoffnungsvoll zu stimmen, doch ich hörte nicht zu. Die Worte des Arztes hallten in mir nach, ich fühlte mich wie in einem Nebel, das Leben zog an mir vorbei. Zu Hause angekommen, legte ich mich hin und starrte die Wand an. Bewegen wollte und konnte ich mich nicht, also war es einfacher, einfach dazuliegen und nichts zu tun. Außerdem war ich müde. Ich wollte nur noch schlafen, in den Fernseher starren und nicht reden. Silvester nahte, ich schluckte etliche Schmerzmittel, um zu funktionieren, spielte meine Rollen:

Vor meinen Kolleginnen die Tapfere und auf der Bühne die lustige Schweizerin und insgeheim sehnte ich mich nach meinem Bett. Ich wollte Ruhe.

Die Tage zogen sich dahin wie Kaugummi. Meinen Job als Kellnerin musste ich kündigen, eine hinkende Kraft im Gastgewerbe braucht niemand. Und Engagements im Theater konnte ich erst mal vergessen. Mein Partner und ich haben in dieser Zeit all unsere Ersparnisse aufgebraucht, ohne ihn hätte ich nach Vorarlberg in mein Kinderzimmer ziehen müssen.

Ich weiß nicht, wie viele Tage und Wochen in diesem Zustand vergingen. Ich hatte das Gefühl, weit weg vom Leben zu sein, vom Leben da draußen, das an mir vorbeizog. Das Gefühl für Zeit entglitt mir, aufmunternde Worte meiner Freunde und meiner Familie kamen nicht bei mir an. Ich fühlte mich wie auf einem fremden Planeten, mein Kopf war leer. An guten Tagen rappelte ich mich auf und hinkte in Zeitlupe zu einem hundert Meter entfernten Lebensmittelgeschäft. Danach kam ich schweißgebadet und völlig erschöpft in die Wohnung zurück und blieb den restlichen Tag liegen. Sogar das Fernsehen erschöpfte mich.

Ich hatte mich aufgegeben.

Das Leben

Es ist ein Kampf, sagen die einen.

Es ist wunderschön, sagen die anderen.

Es ist ewiges auf der Stelle treten, sagen die einen.

Es ist ein ständiger Prozess, sagen die anderen.

Es ist so anstrengend und mühsam, sagen die einen.

Es ist so spannend mit all seinen Herausforderungen, sagen die anderen.

Es ängstigt, sagen die einen.

Es ist sprudelnd wie ein Vulkan, sagen die anderen.

Es ist Entbehrung und Enttäuschung, sagen die einen.

Es ist der ewige Herzschlag, sagen die anderen.

Und während wir darüber nachdenken, fließt das Leben langsam und gleichmäßig wie ein Fluss dahin.

TCM

Bei mir floss gar nichts mehr wie ein Fluss. Er herrschte absoluter Stillstand, ich fühlte mich getrennt von der Welt, in einem luftleeren Raum. Ich spürte nichts außer Schmerzen, ein Tag reihte sich an den anderen, ich war froh, im Bett zu liegen, betäubt von Schmerzmitteln.

Und während ich so dahinvegetierte, kam mir ein Hinweis einer Freundin zu Ohren. Sie kenne einen guten Arzt, der auch TCM-Spezialist ist und mir sicher helfen könne. Ein kleiner Hoffnungsschimmer drang zu mir durch. Was war nochmal TCM? Traditionelle chinesische Medizin, davon hatte ich schon gehört. Etwas mit Akupunkturnadeln, das wusste ich. Und obwohl meinem Partner und mir bewusst war, dass dieser Versuch bei diesem Wahlarzt nicht billig sein würde, vereinbarte ich einen Termin.

Wer schon einmal bei einem TCM-Arzt in Behandlung war, weiß, dass man vor allem beim ersten Termin viel Zeit einplanen sollte. Ich fühlte mich sofort wohl in diesen warmen, gemütlichen Räumen, die nach Räucherstäbchen und Kräutern rochen. Über eineinhalb Stunden dauerte mein erster Termin bei diesem Arzt, der alles über mich wissen wollte. Schlafgewohnheiten? Stuhlgang? Kälte, Wärmeempfinden? Müdigkeit? Ernährung? Er fühlte meinen Puls, studierte den Belag meiner Zunge und machte sich Notizen. Dann, endlich, die Worte, die mich aufatmen ließen. »Sie sind ziemlich krank, in Ihrem Körper hat sich Kälte festgesetzt, die den Energiefluss blockiert. Aber Sie sind jung, das müssten wir in den Griff bekommen.«

Am liebsten hätte ich ihn umarmt. Der Besuch in seiner Arztpraxis würde mein Leben verändern, dessen war ich mir natürlich nicht bewusst. Ich spüre plötzlich wieder ein bisschen Boden unter mir, einen Anker, etwas, an dem ich mich festhalten konnte. Und ich durfte mein Leben umstellen, und zwar radikal. Kein Milchkaffee mehr, keine Schokolade oder sonstige Süßigkeiten, keine Käsebrötchen mehr und sowieso keine Chips.

Mein Diätplan:

Kein Zucker mehr, dreimal am Tag warmes, gekochtes Essen, keine Rohkost, keine Milchprodukte. Fleisch und Kaffee waren erlaubt. Akupunktur (zweimal pro Woche) und ein spezieller Kräutermix sollten dieses Programm abrunden. Der Arzt sprach sehr eindringlich und empfahl mir, mich sehr genau an diesen Plan zu halten, immerhin gehe es um mein Leben.

Da ich sowieso die ganze Zeit fror, erschreckten mich diese Vorgaben nicht. Ich fuhr nach Hause und begann zu kochen.

Meine ganze Energie steckte ich in den darauffolgenden Wochen in Nahrungsmittel und deren Zubereitung. Zum Frühstück gab es Haferflockensuppe mit Karotten und Sonnenblumenkernen und ich war überrascht, wie gut mir das schmeckte! Und vor allem, wie dankbar mein Körper darauf reagierte, das gekochte Essen wärmte und stärkte ihn, ich konnte die Wirkung schon nach einiger

Zeit spüren. Langsam kehrten die Lebensgeister wieder zurück. Ist es möglich, sich ganz anders zu fühlen, nur weil wir anders essen? Wie wirkte diese Ernährung nach traditioneller Medizin genau? Ich wollte alles darüber wissen, was so einen positiven Effekt auf meinen Körper und meine Psyche hatte. Als es mir ein bisschen besser ging, begann ich alles über TCM zu verschlingen, was mir zwischen die Hände geriet. An guten Tagen setzte ich mich in der Innenstadt in ein Büchercafé, türmte Literatur über TCM auf meinem Tisch und trank meinen (milchfreien) Kaffee, immerhin, das war erlaubt.

In den ersten Wochen und Monaten lebte ich sehr zurückgezogen und hatte wenig Kontakt zu Freunden oder Bekannten. Ich hielt mich sehr genau an meinen Essensplan und liebte es, Rezepte und Gewürze auszuprobieren.

Ich hatte es tagtäglich in der Hand, mich um mich zu kümmern oder mir zu schaden. Noch nie in meinem Leben hatte ich diese Art von Selbstermächtigung gespürt! Mein Körper, lange mein Feind, wurde immer mehr zu meinem Verbündeten, der mir genau sagte, wo es lang geht. Freunde am Abend einladen? Schon allein der Gedanke machte mich müde, wir sagten ab. Nie in meinem Leben war ich dermaßen radikal in meinen Entscheidungen, was mein Leben betraf. Ein neues Gefühl, das ich nicht kannte, machte sich in mir breit. Dieses Gefühl, dass nur ich selbst wissen kann, was mir schadet und was mir guttut. Wen oder was ich in mein Leben lasse, und was nicht.

Noch etwas beschäftigte mich damals sehr. Wer war ich überhaupt? Wer war ich, wenn alle Rollen wegfielen, ich weder Schauspielerin noch Kellnerin war? Wer war diese Carmen? Und wohin sollte diese Reise gehen?

Ich war gezwungen, nach innen zu schauen. Für mich gab es damals keine Alternative, ich wusste, ich muss diesen Weg gehen, auch wenn ich nicht wusste, wohin er mich führte. Alles in meinem Leben wurde hinterfragt. Ich fühlte mich wie in einem Vakuum, das Leben zog an mir vorbei, ohne mich. Wie sollte ich wieder daran teilnehmen? Kellnern und Schauspielern konnte ich zu diesem Zeitpunkt vergessen, da machte mein Körper nicht mit. Außerdem musste ich Geld verdienen. Keine Chance, mein Körper streikte. Ohne Geduld ging gar nichts.

Wie ein Netz haben mich damals hauptsächlich mein Partner und unsere Familien aufgefangen. Wir zogen nach Vorarlberg und ich kam schrittweise zu Kräften, ins Leben zurück. Als es mir besser ging, machte ich täglich kurze Spaziergänge, kochte viel, buk zu Weihnachten Kekse für alle und sog diese beschauliche Zeit in mich auf, die mir wieder Sicherheit in meinem Leben vermittelte. Ich fühlte mich geborgen und aufgehoben. Erst im Nachhinein begriff ich, wie wertvoll eine Familie ist, die einen in solchen Zeiten auffängt, nicht immer Fragen nach dem Wohin und Warum stellt und schlicht und einfach da ist und Zeit und Raum zur Verfügung stellt, um zu genesen. Eine heilsame, für mich unvergessliche Zeit.

Meine Krankheit war im Rückblick ein Segen für mich. Oft habe ich mich dabei ertappt, wie ich sagte: »Ich bin so froh, dass ich damals krank geworden bin, ich hätte sonst immer so weitergemacht wie bisher«. Am Anfang erschrak ich über diese Aussage, immerhin war es alles andere als selbstverständlich, dass ich wieder komplett gesund werden würde. Und dennoch:

Die Krankheit war die einzige Möglichkeit, mich zum Stillstand zu bringen und innezuhalten. Sie teilte mein Leben in ein altes und ein neues. Sie war wie maßgeschneidert. Sie setzte mich schachmatt, indem ich mich nicht mehr bewegen konnte. Und dennoch ließ sie mir die Chance, wieder ganz gesund zu werden. RUHE!, schien sie mir dauernd zuzurufen. Sei still! Komm erst mal zu dir. Ein radikaler Schritt vom Außen ins Innen. Dieses Innen gefiel mir anfangs gar nicht. Denn was ich dort entdeckte, erschreckte mich zutiefst. Wer war ich wirklich, hinter all den Rollen, die ich spielte? War ich liebenswert, wenn ich nicht unterhielt, lustig und nett war?

Neben der Lektüre über traditionelle, chinesische Medizin verschlang ich alles über Louise Hay und ihre Bücher über Selbstliebe, ich begann zu verstehen, was Kurt Tepperwein meinte, wenn er davon sprach, dass die Seele sich über den Körper ausdrückte. Besonders diese beiden Autoren beeinflussten mich sehr, im Nachhinein mehr, als mir damals bewusst war.

Der Weg nach Innen ist schmerzhaft, tränenreich und steinig. Jede und jeder geht ihn für sich und in ihrem oder seinem eigenen Tempo. Im Idealfall haben wir Menschen um uns, die uns auffangen in dunklen Stunden, die uns trösten und annehmen, wie wir wirklich sind. Ansonsten gehen wir diesen Weg durch dieses dunkle Seelental alleine.

Das mag sehr ernüchternd und hart klingen. Doch dieser Weg zahlt sich aus, weil ein Schatz in ihm verborgen ist. Es ist der Weg zur Eigenliebe. Darüber möchte ich in diesem Buch noch mehr erzählen. Durch meine Krankheit und vor allem meine Genesung bekam ich lediglich eine Ahnung davon, was diese Liebe zu uns selbst wirklich bedeutet.

Radio

Wir waren endgültig nach Vorarlberg gezogen. Das Theater und die Schauspielerei schienen Lichtjahre von mir entfernt zu sein. Das Einzige, das mich in dieser Zeit beschäftigte, war die TCM und meine Genesung. Nach einem halben Jahr konnte ich endlich die Schmerzmittel absetzen, was für ein Triumph! Ich kochte viel und ernährte mich weiterhin nach den Gesetzen der traditionellen chinesischen Medizin, die ich mittlerweile verinnerlicht hatte. Es begann eine Zeit, in der ich wieder zu Kräften kam. Die Schmerzen in den Gelenken waren erträglich, ich bekam neuen Schwung und war dennoch noch nicht ganz gesund. Mein Wiener Arzt entließ mich mit den Worten, dass ich das letzte Stück meines Weges zur Genesung selbst in der Hand hätte, und er behielt wieder Recht. Ich fühlte mich immer stärker und selbstsicherer und dennoch:

Was sollte ich im Ländle mit mir und meiner Ausbildung anfangen?

»Geh doch zur Einhornbühne«, sagte ein Bekannter spöttisch. Diesen Satz werde ich nie vergessen. Die Einhornbühne ist eine Laienbühne in Bludenz, die diese geringschätzende Bemerkung nicht verdient hat. Tief in mir drin hatte ich das Gefühl, dass meine Schauspieljahre in Wien hier in Vorarlberg nichts wert sind. Und so fühlte ich mich auch. Wertlos. Derselbe Bekannte konnte sich Monate später kaum einkriegen, als er mich in der Zeitung sah und ich mich zur Moderatorin bei einem Privatsender gemausert hatte. Ich dachte kurz, »jetzt fällt er gleich vor mir auf die Knie.«

Aber diese Wendung konnte ich ja nicht ahnen.

Also, was sollte ich nur mit mir anfangen? Natürlich kam von meiner Familie der Vorschlag, ich solle doch unterrichten. Das war das Letzte, das ich wollte. Alles in mir sträubte sich.

Ich fühlte mich ratlos und passiv, als in einer Kaffeerunde eines Nachmittags der Satz einer Bekannten fiel:

»Naja, du hast doch auch eine Sprechausbildung in deiner Schauspielschule bekommen. Wieso probierst du dein Glück nicht beim Radio?«

Radio??? Auf diese Idee wäre ich nie gekommen. Ich glaube, diese Bekannte weiß bis heute nicht, wie schicksalshaft dieser Satz in meinem Leben war!

Und ich sitze in diesem Moment am Computer und muss lachen. Diese Situation war so typisch für mich! In der größten Passivität und Orientierungslosigkeit kommt ein Wegweiser. Eine Bemerkung oder ein Hinweis.

Als Kind und junge Heranwachsende bin ich dann den Anweisungen gefolgt, bin dem einen oder anderen Job nachgegangen oder habe die Pädak absolviert. Weil es mein Vater gut fand. Ich bin nach Wien gegangen, weil es mein damaliger Partner richtig für mich fand.

Erst später entdeckte ich den Unterschied. Früher tat ich in meiner Passivität einfach, was die anderen für das Beste für mich hielten. Ich hatte kein Gespür für mich und meine Bedürfnisse.

Heute weiß ich: Es gibt so etwas wie Fügung. Manche sagen auch Schicksal dazu, für mich ist es so, wie wenn sich der rote Faden, den jede und jeder im Leben hat, durchblitzt und sich bemerkbar macht. Und manchmal macht sich der rote Faden erst dann bemerkbar, wenn wir vollkommen in die Ruhe gehen und stillstehen. Dann kann einer unserer größten Schätze, unsere Intuition, ihre Wirkung entfalten.

Viele von uns haben den Zugang zu diesem Instinkt teilweise oder ganz verloren. Meine Intuition kam in meinem Leben, wenn überhaupt, nur unbewusst zum Tragen. Bis zum Zeitpunkt meiner Krankheit. Erst in der vollkommenen Stille konnte ich diese innere Stimme, diesen so wertvollen Kompass in mir wahrnehmen.

Die eine Stimme sagte ganz klar: »Der Weg zur Heilung gelingt, wenn du dich mit dir auseinandersetzt, dich um dich kümmerst und zu tausend Prozent für dich einsetzt.« Diese Botschaft hatte ich verstanden. Der Weg führte nach Innen, über die Selbstliebe. Was macht mich aus? Was denke ich wirklich über so manches in dieser Welt? Was macht mir Freude? Wie sehr nehme ich meine Gefühle, meine Intuition ernst? Wie sehr nehme ich mich selbst ernst?

WER BIN ICH, wenn alle meine Rollen wegfallen, wenn Erfolg oder Misserfolg plötzlich nicht mehr wichtig sind?

Ich spürte, wenn ich meinen innersten Impulsen nachgab, wurde plötzlich ein Weg frei und ich schien ungeahnte Kräfte mobilisieren zu können.

Gestern Heute Morgen

Heute ist jetzt, alles ist anders als gestern, und vorgestern sowieso. Und vor 10 Jahren war ein anderes Leben mit anderen Geschichten und anderen Themen. Wir waren anders gestrickt, mit anderen Träumen und anderen Farben.

Viele bunte Fäden, die sich durch unser Leben ziehen, manche tauchen nur einmal auf, andere kommen immer wieder. Wer wir damals waren, ist nicht mehr wichtig.

Welche Fäden unser Leben morgen webt, wissen wir nicht. Aber den Faden von heute, den hat es vielleicht schon mal gegeben, vor vielen Jahren. Manche Fäden kommen immer wieder, es sind die roten. Sie sind wie Träume, tief in unserer Seele vergraben, und immer wieder schimmern sie durch, wie leuchtende Wegweiser durchdringen sie das Strickmuster. Sie begleiten uns und sind auch morgen noch da. Anders gestrickt vielleicht, mit unterschiedlichen Nuancen und Facetten, doch unser Muster bleibt. Das zu verstehen reicht.

Aus »Farben der Seele«, 2018

Der Hinweis meiner Bekannten, mich doch beim Radio zu bewerben, war schicksalshaft. Damals war ich mir dessen natürlich nicht bewusst. Ich schrieb ein, zwei Blindbewerbungen und schickte sie ab, ohne große Erwartungen. Im Gegenteil, die Entscheidung, Bewerbungen abzuschicken könnte ja unter Umständen bedeuten, dass ich meinen geschützten Kokon, in dem ich es mir so gemütlich eingerichtet hatte, verlassen müsste, dachte ich.

Würde ich diesen Schritt nach Außen bewältigen, ohne mich selbst wieder zu verlieren? War ich innerlich gefestigt genug für diese große Veränderung? Durch die Krankheit und die Zeit der Genesung hatte ich eine Ahnung davon bekommen, wer ich war, hatte mir eine innere Stabilität aufgebaut. Würde sie ins Wanken kommen, jetzt, wenn ich diesen Schritt zurück ins Leben wagte? Bei diesem Gedanken verkrampfte sich etwas in mir, im Nachhinein verstehe ich gut, warum.

Ich landete also bei einem Privatsender und kann mich noch gut an mein »Bewerbungsgespräch« erinnern.

»Komm rein ins Studio, ich hab noch eine Stunde Sendung!«, mit diesen Worten begrüßte mich der Morgenmoderator und schob mich auf einen Stuhl neben sich. Ich war beeindruckt. »So sieht also eine Radiostation aus!« Vor Ehrfurcht brachte ich kaum ein Wort heraus, aber das war egal. In Windeseile wurde mir erklärt, wie man was in so einem Studio abspielt, wie Texte gestaltet und sogenannte O-Töne (Originaltöne) »on air« gehen (die Radiosprache ist mitunter speziell). Eine Stunde später formulierte ich schon meinen eigenen Beitrag und saß in der Schnittkammer, um ihn aufzusprechen. Allerdings wurde meine Aussprache bemängelt. Ich müsse die Texte »schlampiger« formulieren, ich rede ein bisschen zu gestelzt. Ich muss schmunzeln. Logisch, ich hatte den Text in perfektem Bühnenhochdeutsch gesprochen, das müsse lässiger klingen, wurde mir gesagt. Daran erinnere ich mich heute noch.

Nachdem ich einige Stunden getestet wurde, ob ich auch zu etwas tauge, erfuhr ich, dass ich gleich am nächsten Tag anfangen könne. Ich war so perplex über diesen Tag beim Sender, dass ich das erst einmal verdauen musste. War ich jetzt beim Radio? Hatte das mit der Anstellung wirklich geklappt? Hatte ich jetzt wirklich ein fixes Einkommen? Ich war mir gar nicht sicher, ob ich das alles geträumt hatte.

Hatte ich nicht, die Realität holte mich schnell ein. Ich wurde in fast allen Bereichen, die mit Radio zu tun hatten, eingeschult und lernte schnell. Zwei Wochen nach meinem Start hieß es: »Schau der Kollegin über die Schulter, in ein zwei Tagen wirst du auch moderieren.« Ich merkte, wie sich Panik in mir breit machte. Wie sollte ich in Kürze lernen, all diese Knöpfe am DJ-Pult richtig zu bedienen und gleichzeitig locker vor mich hinplaudern? Ich war hoffnungslos überfordert. Ein paar Tage später hatte ich Lampenfieber, wie ich es nur aus schlimmsten Zeiten auf der Bühne kannte, ich wusste, ich würde on air gehen und hatte dermaßen Panik, als ginge es um Leben und Tod. Ich weiß nicht, wie ich die Sendung hinter mich brachte, an dieses Gestammel on air will ich gar nicht denken. Und was die Leute dachten, als sie mich hörten, auch nicht.

Die nächste Hiobsbotschaft kam anschließend: Ich würde die nächsten zwei Wochen täglich eine Nachmittagssendung moderieren.

Ich kam ins Schleudern und hatte keine Ahnung, wie ich mit dieser Situation umgehen sollte. Wo war ich hier gelandet? Auf die Idee, mich zu wehren, kam ich nicht, warum auch immer. Für mich gab es diese Möglichkeit, Stopp zu sagen oder um ein wenig Eingewöhnung zu bitten, nicht. Zwei Wochen lang war ich ein wenig schlafendes, kaum essendes Nervenbündel, mein Gleichgewicht, das ich mir mühsam erkämpft hatte, war weg. Der schützende Kokon, das beschauliche Leben, weg.

Es war nicht nur die Nervosität vor einer wichtigen, beruflichen Herausforderung. Für mich war es mehr. Ich hatte das Gefühl, mir keinen Fehler leisten zu können, Leistung liefern zu müssen und keine Alternative zu haben. Nie wäre ich auf den Gedanken gekommen, dass ich das Recht habe, mich zu wehren oder mitreden zu dürfen.

Nur sehr langsam gewöhnte ich mich an dieses tägliche Lampenfieber und tankte Kraft an Tagen, an denen ich nicht moderierte. Mein Umfeld verstand die Welt nicht mehr. Für meine Familie und meine Freunde war die Arbeit beim Radio DIE Lösung für all meine beruflichen Fragezeichen, Irrwege und Sackgassen. Als Moderatorin schien ich nach Außen hin meine Bestimmung gefunden zu haben. Ich bekam viel Lob und Anerkennung, weil ich ja im Radio zu hören war und für manche eine Art »Ländlepromi« wurde. Ich war zerrissen zwischen meinen Ängsten und der Flut an Anerkennung und schmeichelnden Wort in meinem Umfeld und dachte mir, wenn das alle so gut finden, dann mache ich das einfach weiter, es wird schon passen.

In meinen Schauspieljahren hatte ich gelernt, was Applaus und Anerkennung mit Menschen machen können, wenn sie nicht in sich gefestigt sind. Dieses ständige

Buhlen um Bestätigung ist in Schauspielkreisen weit verbreitet und kann mitunter süchtig machen. Wie viele große Stars baden nach Aufführungen im Applaus, und wenn sie danach in ihr stilles Hotelzimmer kommen, wird die Leere unerträglich. Nach dem Auftritt ist der Schauspieler alleine mit sich. Die Maske fällt ab, die Rolle wird abgelegt, wir sind wieder wir selbst, mit allen Unzulänglichkeiten und Ängsten.

Ich kann mich noch gut an diese Stimmungswechsel erinnern, die meine Schauspielkolleginnen und ich durchlebten. Die Abteilungsleiterin war gut gelaunt, es gab Lob? Der Tag war gerettet und glich einem Festtag. Wir waren die begabtesten Newcomer auf diesem Planeten, jetzt mussten nur noch die richtigen Leute das auch bemerken. Ein Schauspiellehrer kritisierte uns? Wir fielen ins Bodenlose, in ein tiefes Loch, der Selbstwert schrumpfte bis zur Unkenntlichkeit, wir fühlten uns untalentiert, unattraktiv, unbegabt, linkisch und zu nichts zu gebrauchen. Wir würden es nie schaffen. Andere waren natürlich viel schöner, besser, schlanker und talentierter als wir. Das Gefühl, ein Niemand zu sein, konnte sich beim nächsten Lob wieder ins Nichts auflösen und das Drama ging von vorne los. Lob und Anerkennung waren eine Droge, und wir waren süchtig. Unser Leben drehte sich nur darum, wie sehr wir gesehen, bewundert oder ignoriert wurden. Davon hing unsere Laune, unser Selbstwert, unser ganzes Sein ab.

Jetzt fand ich mich in einer ähnlichen Situation wieder, allerdings hatte mich die Zeit der Krankheit und des Innehaltens sehr geprägt. Ich spürte im Gegensatz zur Schauspielzeit Boden unter den Füßen, immerhin. Ständig hatte ich zwar das Gefühl, dass er unter meinen Füßen weggezogen wird, und dennoch hatte ich in mir eine Art Fundament angelegt, das mir so schnell niemand nehmen konnte. Dieses Minifundament würde ich noch brauchen.

Mit der Zeit gewöhnte ich mich an meinen neuen Arbeitsplatz und lernte, mit meiner Nervosität umzugehen. Beim Moderieren wurde ich sicherer und bekam ein Gefühl dafür, dass hier doch eine Art Begabung in mir schlummerte, was diesen Weg betraf.

Je länger ich moderierte, desto mehr Anfragen gab es von großen Firmen im Land, die Moderatoren für Veranstaltungen jeglicher Art suchten. Da ich nun regelmäßig hörbar war, fiel die Wahl auch auf mich. Die nächste große Prüfung stand an. Ich weiß noch, wie glückselig ich war, wenn ich per Mail oder Anruf eine Anfrage für die Moderation einer Gala oder eines Firmenjubiläums bekam. Kaum sagte ich zu, kam der zweite Impuls zu tragen:

Panik. Bauchschmerzen, Magenkrämpfe. Schlaflose Nächte, Migräne. Und das schon Tage bzw. Wochen vor dem großen Auftritt. Ich war ein Nervenbündel. Es genügte, mit Freunden oder Familie darüber zu sprechen, und in mir krampfte sich alles zusammen. Eine Woche davor ging es los mit unerträglichen Kopfschmerzen, mein Körper rebellierte und reagierte so, als ob mein Leben in Gefahr wäre. Kurz vor der großen Moderation passierte etwas Seltsames. Ich war wieder zentrierter und auf eine gesunde Art abgeklärt. Es war eine Stimme in mir, die sagte: »Es ist nur ein Abend. Danach gehst du nach Hause und bist wieder in deiner Welt.«

Mit dieser Strategie konnte ich einige Moderationen ganz gut bewältigen. Und es wurde jedes Mal zumindest um eine kleine Spur leichter. Ein Satz, der mir noch geholfen hat, war:

»Wenn es dich so stresst, dann lass es einfach.«

Das tat gut. Ich musste gar nichts. Ich musste mich nicht quälen, konnte Angebote ablehnen und generell ganz etwas anderes machen, was mich nicht dermaßen stresste. Niemand zwang mich dazu. Wenn alle Stricke reißen würden, konnte ich immer noch in einem Tagescafé kellnern, damit hatte ich Erfahrung.

Wenn ich heute an diese Zeit denke, dann frage ich mich wirklich, warum ich nicht das Handtuch geschmissen habe, bei so einem enormen Leistungsdruck, den ich mir selbst auferlegte, nicht die Stopptaste drückte und mich weiterhin hingab in diesen unglaublichen Stress, der mir alles abforderte.

WARUM um Himmels Willen machte ich so einen Job? Der rote Faden machte sich bemerkbar. Er brachte mich dazu weiterzumachen, auch unter diesen schmerzhaften, quälenden Umständen. Ich muss tief in mir gespürt haben, dass ich diesen Weg gehen musste. Weil er mein Schicksal war? Weil ich dazu vorbestimmt wurde? Weil das Moderieren und Sprechen vor Leuten meine große Begabung war?

Meiner Not gegenüber stand die Leichtigkeit, mit der sich Moderationen und Jobs in dieser Art in mein Leben fügten. Es brauchte keinerlei Anstrengung, mir fielen

Chancen und Möglichkeiten zu, ohne dass ich einen Finger krümmte. Ein Zeichen dafür, dass das Leben mir meinen Seelenplan offenbarte?

Und welchen Beruf hätte ich denn sonst machen sollen?

Nach fünf Jahren beim Privatradio klopfte der ORF an, ich war glückselig.

Zeitenwende

Genau so, wie ich es gewohnt war und mir berufliche Möglichkeiten so oft in meinem Leben einfach so in meinen Schoß fielen, genau so kam ich zum ORF. Jemand von dort hatte mich gehört oder bei einem Auftritt gesehen, ich bestand das Accessment Center, eine Art Eingangsprüfung, und im Handumdrehen war ich sozusagen on air. Zusätzlich ergaben sich, ohne mein Zutun, Theaterengagements, die ich nebenbei annahm. Meine Tage und Abende waren gefüllt mit Aufgaben, ich wurde ruhiger, meine unerträgliche Nervosität wurde erträglicher und ich fühlte mich immer mehr meinen Aufgaben gewachsen. Für irgendetwas wird es schon gut sein, dachte ich.

Es tat sich auch sonst viel in meinem Leben. Im gleichen Jahr, in dem ich meinen Job wechselte, heiratete ich. Alles war im Lot, ich war glücklich.

Und dann wurden meine beiden Buben geboren.

Brüder

Sie spielen im Licht der untergehenden Sonne. Ihr Lachen gleicht Glocken, ihr Klang so hell und so leicht. Sie wissen kaum etwas vom Leben und doch schon so viel. Heiteres Kichern. Ich habe nichts Besseres zu tun, als dem Frühjahrskonzert der Vögel zuzu-

*hören, ihrem lieblichen Gesang, eine Ode an die Freude. Ich habe
gerade nichts anderes zu tun als den blauen Himmel zu beobachten und festzustellen, wie wunderschön er mit locker leichten
Federwölkchen verziert ist. Und mir fällt gerade nichts Besseres
ein als meine Kinder und die Sonnenstrahlen auf meiner Haut zu
beobachten und die Wärme zu spüren, die Wärme dieses berau-
schenden Apriltages, der uns mitnimmt, auf eine Traumreise, in
der alles möglich ist und der Frieden in uns die Welt umarmt. Ich
habe gerade nichts sonst zu tun als meinen Atem zu beobachten,
der Atem des Lebens, der ureigene Rhythmus des Herzschlages,
an diesem Nachmittag, an dem ich nichts anderes zu tun habe
als zu leben.*

»Nichts ist schöner und anstrengender, als Mama zu
sein«, höre ich mich oft sagen. Nichts bringt einen mehr
an die eigenen Grenzen, kaum etwas erfüllt mein Herz so
sehr wie ein inniger Moment mit meinen Kindern.

Mittlerweile sind meine Buben Teenager und wir haben
ein sehr harmonisches Verhältnis. Ich bin sehr stolz auf
die beiden und liebe es, ihnen dabei zuzuschauen, wie sie
sich entwickeln und heranwachsen.

Kinder lehren uns Vieles. Sie spiegeln uns permanent,
sie kopieren uns und ahmen uns nach, sie zeigen uns unsere positiven und unangenehmen Seiten auf. Eine große
Lektion, die ich durch sie lernen durfte, war die Erkennt-
nis, wie wichtig es als Mutter ist, gut auf sich selbst zu
schauen. Ich weiß noch, wie anstrengend die ersten Jahre
waren, wie blank die Nerven lagen und wie die kurzen
Nächte an meiner Substanz nagten. Natürlich, wir be-

kommen so viel Liebe von den Kleinen zurück, und dennoch habe ich die Erfahrung gemacht, dass so viele Mütter und auch Väter bis zur Erschöpfung alles geben und glauben, immer funktionieren zu müssen, den Haushalt, den Job und den Nachwuchs möglichst gleichzeitig zu schultern und dabei noch strahlend auszusehen.

Mir ging es genauso. Ich wollte tausend Prozent geben, und wenn ich arbeiten ging, wollte ich in der Zeit, in der ich bei den Kindern war, doppelt aufmerksam und liebevoll sein und natürlich gleichzeitig die Rolle der verständnisvollen, mitfühlenden Partnerin auch noch perfekt ausfüllen. Eine Zeit lang ging alles gut. In meinem Fall kamen im familiären Umfeld zusätzliche Probleme und Belastungen dazu, die meine Reserven vollends aufgebraucht haben. Ich weiß noch, wie erschöpft ich war. Dauernd hatte ich Infekte, fühlte mich nie richtig fit und durfte gleichzeitig auch nicht krank sein. Dachte ich mir. Eine Ärztin sah mich damals warnend an und riet mir, Unterstützung anzunehmen, weil ich sonst auf direktem Wege in ein Burnout schlittern würde.

Das Seltsame ist, dass wir ja oftmals schon alles wissen und dennoch nicht danach handeln. Wir wissen vom Kopf her, dass wir uns schonen und einen Gang herunterfahren sollten und handeln trotzdem nicht danach.

Die Worte der Ärztin hallten in mir nach und in kleinen Schritten konnte ich annehmen, was sie sagte. Es war, als ob ein Schalter in mir umgelegt worden wäre. Nach außen hin funktionierte ich weiterhin, in mir drin begann ich zunehmend, mich zu beobachten, wie es mir ging. Wie ich in gewissen Situationen fühlte. Es war eine

Art Selbststudium, das im Hintergrund lief, während meines Alltags zwischen Kindern, Haushalt und Job.

Im Nachhinein stellte ich fest, dass es weitere Schritte in Richtung Selbstliebe waren, die sich noch mehr in mir verankern wollten.

Und ich machte Minischritte. Wenn ich hundemüde war, setzte ich meine Kinder ohne schlechtes Gewissen vor den Fernseher, um ein bisschen schlafen zu können. Ich begann, Kaffeeverabredungen, die mir nicht guttaten, abzusagen. Anfangs gelang mir das nur mit einer Notlüge, permanent hatte ich ein schlechtes Gewissen dabei. Es gab mittlerweile immer mehr Situationen in meinem Leben, in denen ich mich für mein Wohlbefinden entschied, und nicht für das der anderen.

Schatten

Ein ganz normaler Sommertag in den Rheinauen geht zu Ende, munteres Geplauder auf der Picknickdecke, Sekt wird aus Wassergläsern getrunken, die Babys rollen auf der Decke herum. Lebhafte Gespräche über den Übergang vom Stillen zur festen Nahrung, über krabbelnde kleine Kinder, über schlaflose Nächte, Verwandte und hochwertige Babybekleidung. Mittendrin eine sehr aufgeweckte junge Frau Mitte Dreißig, sie ist mitten im Geschehen, sie erzählt von ihren Erlebnissen der letzten Woche, die anderen Frauen lauschen gespannt und hängen an ihren Lippen, wenn sie nicht gerade von ihren Kleinen unterbrochen und abgelenkt werden. Um diese Frau muss sich keiner Sorgen machen. Wie selbstsicher sie ist. Und so glücklich, sie liebt ihr Kind, ihr Kind lächelt, sie lacht hell auf, ihr Lachen erinnert an einen hellen Glockenklang, wie harmonisch, wie wundervoll ist dieser Anblick, diese junge Frau, in der Blüte ihrer Jahre, ein wenig dünn durchs Stillen, ein bisschen ausgezehrt.

Beim genaueren Hinsehen ein melancholischer, verletzlicher Blick, wie ein Windhauch verschwindet eine leise Ahnung, dann ist das Lächeln wieder da. Dieses gewinnende Wesen einer Frau, die schon viel erlebt und dadurch einiges zu erzählen hat. Sie kann gut aus ihrem Nähkästchen plaudern, ihr Beruf hat ihre Sprache gefärbt, sie erzählt bildhaft von ihren Erlebnissen, Eindrücken, Gefühlen.

Sie ist so souverän. Wie gerne wäre ich sie.

Ich bin das Wesen dahinter.

Sie halten sich versteckt, diese Gedanken, sie sind im Hintergrund, sie vermehren sich wie Raupen, sie nagen am Selbstwertgefühl, sie drücken die Seele nieder, sie trüben den Blick, sie verdecken die Sonne, sie erzeugen Schatten.

Schatten der Seele, die auf einmal sichtbar werden.

Der Nachmittag geht langsam in frühe Abendstunden über, der Tag geht zu Ende, die Decken werden gefaltet, die Kinder teils schlafend, teils quengelnd in den Kinderwägen verstaut. Manche sind so unruhig und aufgewühlt, dass nur die Körpernähe der Mutter die zarten Seelchen beruhigt. Und so geht's heim, im Kinderwagen, auf Mamas Arm, in Mamas Auto. Die Kinder sind hungrig, sie brauchen richtige Nahrung, sie haben so viel gesehen, sie brauchen Ruhe.

Der Himmel verfärbt sich orange-rosa, Motorradgeräusche stören die Stille, irgendwo in der Ferne Kinderstimmen, die kurz vor 21 Uhr noch im Garten toben. Sie riechen nach Sommer, nach Sonnencreme, nach Natur und frischer Luft, ihre Haut fühlt sich

nach einem Nachmittag im Planschbecken kühl und verschwitzt
an. Auch ein Rasenmäher ist um diese Zeit noch in Betrieb.

Ich fühle mich leer und glücklich. Irgendwie.

Wenn ich an diese Zeit denke, spüre ich, wie wenig Selbstliebe zu dieser Zeit in mir verankert war. Diese Gedanken, die wie ein unbewusstes Programm im Hintergrund wirken, sind sehr mächtig. Dass ich etwas dagegen tun kann, war mir damals nicht bewusst.

Umbrüche

Meine Kinder füllten mich dermaßen aus, ich verbrachte Nachmittage auf dem Teppich in meiner eigenen Legowelt und war wunderbar von mir selbst abgelenkt. Wie schon in meiner Kindheit tauchte ich ab, dieses Mal in die Kinderwelt meiner Kleinen. Ich bastelte, spielte Fangen, las aus Büchern vor, kuschelte und schmuste mit meinen Jungs und sog diese Zeit tief in mich hinein. Sie vermittelte mir eine Art Sicherheit, in dieser bunten, zauberhaften und märchenhaften Kinderblase fühlte ich mich beschützt. Ich liebte diese Zeit, und dennoch spürte ich, dass ich mir selbst aus dem Weg ging und immer unzufriedener wurde.

Und diese Unzufriedenheit ist etwas, auf das sich unser Ego, das uns schadet, diebisch freut und wie ein Teufelchen vor sich hin lacht. Ich verurteilte mich dafür, fühlte mich schrecklich undankbar. Ich hatte ein Leben mit einem lieben Partner, einem supertollen Job beim Radio und zwei zuckersüßen Kleinkindern, wie konnte man da bitteschön unzufrieden sein und jammern?? Es war beinahe so, also ob ich mich dafür schämte, solche Gefühle zu haben. Aber Gefühle sind unter anderem nun mal da, um uns etwas aufzuzeigen, was in unserem Leben nicht stimmt. Ich hasste dieses Gefühl, ich wollte es nicht fühlen, ich wollte einfach nur glücklich sein. Und dennoch spürte ich, dass irgendetwas in mir rumort. Nach außen hin ließ ich mir nichts anmerken, schließlich gab es ja nicht den kleinsten Grund, mit meinem Schicksal zu hadern. Ich weiß noch, wie eine Bekannte, die zu dieser Zeit ebenfalls kleine Kinder hatte, meinte: »Mach doch was Produktives, stricken, häkeln oder töpfern, das wäre doch was für dich!« Der Ratschlag war nett gemeint, erreichte aber das Gegenteil.

Damals absolvierte eine mir sehr nahestehende Freundin eine spirituelle Ausbildung. Hin und wieder kam sie nach Vorarlberg, und wenn wir uns trafen, hing ich an ihren Lippen. Sie erzählte von ihren Erlebnissen und ihre Geschichten über das Dies- und Jenseits, die geistige Welt und wie alles zusammenhängt. Ich klagte ihr mein »Leid« und erzählte ihr, dass ich mich fühlte wie eine Frau ohne Eigenschaften. Ohne besondere Interessen. Ohne irgendetwas, das mich fesselte. Sicher, ich liebte meinen Job beim Radio, aber irgendetwas fehlte. Und ich spürte, dass das, was sie erzählte, bei mir auf fruchtbaren Boden fiel. Irgendwann hielt sie beim Erzählen inne und meinte: »Carmen, wenn es dich so sehr interessiert, dann mach die Ausbildung doch selbst!«

Am nächsten Tag meldete ich mich an. Die Ausbildung bei Jana Haas sollte mein Leben von Grund auf verändern und auf den Kopf stellen. Ich lernte viel über kosmische Zusammenhänge und Psychologie, über Botschaften aus der geistigen Welt und verschiedene Heilweisen.

Nach einer Woche in der Schweiz im wunderschönen Morschach am Vierwaldstättersee war nichts mehr, wie es war. Ich wusste, ich möchte Menschen in irgendeiner Form helfen, ich hatte allerdings keine konkrete Vorstellung davon, wie und war dementsprechend ratlos. Ich war Moderatorin beim ORF und gleichzeitig cosmogetische Heilerin? Wie sollte ich das denn jemandem erklären ohne für verrückt erklärt oder ins esoterische Eck gestellt zu werden? Was würde meine Familie, was würden meine Freunde, meine Arbeitskollegen darüber denken? Mit kaum einem Menschen konnte ich über das, was ich erlebt hatte, reden, zu groß war die Angst vor Ablehnung. Als jemand, der sich im Leben immer an andere Menschen oder Situationen angepasst hatte und dieses Verhalten in Perfektion beherrschte, eine besondere, fast unmögliche Herausforderung für mich. Ein riesengroßes Dilemma, das mich fast zerriss. Wenn ich während eines Gesprächs nach der Ausbildung gefragt wurde, die ich gerade mache, druckste ich herum, redete um den heißen Brei und wurde verlegen und unsicher. Ich redete von psychologischer Schulung und wenn jemand genauer nachfragte, von der geistigen Welt und dem Seelenplan, den jede und jeder von uns in sich trägt, davon, dass wir als Seelen auf diesem Planeten Erfahrungen machen um uns und unser Potential zu entfalten, eine Entwicklung zu bedingungsloser Liebe. Das Wort »Engel« benutzte ich fast nie, das war mir ein zu heißes Eisen, an das ich mich nicht heranwagte.

Ich erntete staunende und auch abwertende Blicke, spöttische, herablassende Bemerkungen und Kommentare nach dem Motto: »Was sagt denn dein Mann dazu, dass du jetzt auf dem Esoteriktrip bist?« Mit der Zeit lernte ich zu schweigen oder nur Auskunft zu geben, wenn ich wahres Interesse spürte. Immer wieder war dies der Fall, und ich merkte, wie sicherer ich mich auf diesem faszinierenden Terrain bewegte. Da ich im Grunde meines Wesens ein bodenständiger Mensch bin und mich gut artikulieren kann, schaffte ich den Spagat, über das himmlische Wissen so zu reden, als ob es das logischste Thema auf der Welt wäre. Je selbstsicherer ich wirkte, umso mehr spürte ich Bewunderung und Interesse, beantwortete Fragen und erzählte über meinen persönlichen Umgang und meine Erfahrungen. Und gleichzeitig spürte ich immer mehr, dass ich es vielen Menschen einfach nicht recht machen konnte und auch nicht wollte. Ich stellte fest, dass mir oftmals schlicht und einfach egal war, was manche dachten. Wir können es ja doch nicht wirklich beeinflussen, welches Bild andere von uns haben.

Etwas wandelte sich in mir. Es war die Art, wie ich die Menschen und mein Umfeld betrachtete und spürte, wie gut ich mittlerweile in mir verankert war. Dieser liebevolle Blick auf uns selbst und die Welt verändert alles. Und sorgt für Wunder.

Parallel

Ein bisschen neben der Spur wandeln, ein besonderes Gefühl, ein bisschen verloren sein und in Gedanken in anderen Welten. Keinen Boden unter den Füßen haben und sich vielleicht mit Tränen in den Augen verlieren. Ganz verstohlen die Spur neben sich sehen und sie vermissen. Den sicheren Tritt, das Gefühl der scheinbaren Sicherheit, und daneben balancieren auf dünnem Eis. Die Sehnsucht auskosten und einen Augenblick warten … und warten und den Moment wahrnehmen und sich dann für den Weg entscheiden, der für immer vorbestimmt und nie ganz sicher ist.

Sich geborgen im Ungewissen fühlen.

Der Nachbar: Was möglich ist

In dieser Zeit gab es in unserer Umgebung einen Nachbarn, von dem die Leute sagten, »mit dem ist nicht gut Kirschen essen«, und das war eine harmlose Formulierung. Die Menschen mieden ihn und hofften inständig, nie irgendetwas mit ihm zu tun haben zu müssen. Auch unsere Wege kreuzten sich zwangsläufig und Ärger schien vorprogrammiert zu sein. Reden war anfangs nicht möglich, ein Gespräch konnte kaum stattfinden, weil es immer mit einer Schimpftirade seinerseits begann. Was damals über ihn geredet wurde! Wie schrecklich er ist und dass er jedem das Leben zur Hölle macht. Dass er einem dauernd nicht nur Steine, sondern unüberwindbare Mauern in den Weg stellt, dass er ein durch und durch böser Mensch sei.

Ich wollte mich damit nicht zufriedengeben. Warum war dieser Nachbar so verbittert und hartherzig? War es wirklich so, wie die Leute sagten, dass es unmöglich war, ein vernünftiges Gespräch mit ihm zu führen? Die Angelegenheit ließ mich nicht los und vor allem die Frage:

Wie und warum wird jemand so? Was muss vorher gewesen sein, vor der Verbitterung?

Es musste doch einen weichen Kern in ihm geben, auch er hat ein Herz, dachte ich mir. Und wer weiß, was ihm passiert war, dass er so geworden ist. Plötzlich stellte sich bei mir Mitgefühl ein. Wie einsam musste dieser Mensch sein! Ihm war doch sicher klar, wie die Menschen über ihn dachten? Prallte das wirklich an ihm ab?

Dieses Mitgefühl fühlte sich besser an als Verurteilung. Mein Herz wurde plötzlich weich und weit. Ich wollte mir mein eigenes Bild von diesem Menschen machen und ich sollte kurz darauf die Gelegenheit bekommen.

Eines Tages stand er vor unserer Türe. Unangemeldet, wie ein Poltergeist. Ich war gerade im Garten, spielte mit den Kindern und war vollkommen perplex. Der Mensch, über den dermaßen schlecht geredet wurde, der Mensch, der anderen immer nur das Leben vermiest, stand vor unserer Türe.

Ich erschrak, mein Herz klopfte. Ich bat ihn herein und bot ihm etwas zu trinken an, bevor er loslegte. Er redete ohne Punkt und Komma und ich hatte Mühe, ihm zu folgen. Im Kopf versuchte ich, seine Informationen zu filtern, während ich ihn beobachtete. Ich weiß noch, wie ich mir immer wieder dachte: »Stell dir vor, du weißt nichts über ihn, er ist ein unbeschriebenes Blatt Papier«, was auch deswegen gut gelang, weil ich mich so auf das Gesagte konzentrierte, dass ich gar keine Zeit hatte, innere Schranken oder Vorurteile aufzubauen. Nach circa zehn Minuten versuchte ich in wenigen Sätzen zusammenzufassen, um was es ihm ging. Er wollte einfach nur klarstellen, dass es unangenehme Konsequenzen für uns hätte, wenn er von uns über den Tisch gezogen werden würde.

Weil ihm das schon so oft passiert war. Dass er hintergangen wurde und verlernt hatte, zu vertrauen. Als ich das realisierte, änderte sich sein Blick, er wurde weich. Ich versicherte ihm, dass mein Partner und ich mit offenen Karten spielten und keinerlei Hintertürchen im Auge hätten. Er zeigte sich beruhigt und verabschiedete sich.

Das Eis war gebrochen. Wir hatten nie wieder Probleme mit ihm, und wenn wir uns heute begegnen, ist der Kontakt freundschaftlich.

Menschen einfach nur zuhören, mit weitem Herzen, ohne Argwohn, kann Wunder vollbringen.

Wunder Nummer zwei: meine Bücher

Ungefähr ab dem Zeitpunkt der Geburt meiner Kinder fing ich an zu schreiben. Es war nicht so, dass ich auf einmal schriftstellerische Ambitionen spürte, mich vor den Computer setzte und darauf los tippte. Ich hatte plötzlich immer wieder das Gefühl, dass etwas in mir hochkommt, dass unbedingt festgehalten werden sollte. Und so kam es, dass ich mitten in der Nacht aufwachte, irgendwelche Gedanken oder Gefühle zu einem Thema hatte, sie im Dämmerzustand auf herumliegende Zettel kritzelte und am nächsten Morgen staunend darauf blickte. War das ich, die das geschrieben hatte? Für den Altpapiercontainer fand ich meine Zeilen doch zu wertvoll, also stopfte ich sie in eine Schublade. Mittags beim Kochen, beim Umrühren in der Pfanne hatte ich plötzlich Wörter und mitunter ganze Sätze im Kopf, die unbedingt auf Papier festgehalten werden wollten. Ich kritzelte das, was mich beschäftigte, wieder auf Papier, der Stapel wurde größer.

Und so ging es dahin, ich hatte Begegnungen oder erlebte irgendetwas, das mich beschäftigte, und schrieb in einer Art Drang etwas auf irgendwelche Einkaufszettelchen, die dann wieder in der Schublade landeten. Ich dachte mir nichts dabei. Das Schreiben hatte einzig und allein den Zweck, etwas in mir loszuwerden.

Das mit den Zetteln und dem Drang, mich mitzuteilen oder zumindest festzuhalten, was mich bewegte, hatte ich schon in meiner Zeit in Wien erlebt und mir nie etwas dabei gedacht. Damals landete die Kritzelei im Papierkorb.

Irgendwann redete mich mein Partner auf die vielen Zettelchen an und meinte, ich könne doch die ganzen Texte in den Computer tippen, dann wäre mehr Platz in der Schublade und vielleicht könne ich ja den Kindern meine Gedanken und Texte vererben.

Damit begann die eigentliche Arbeit. Auch, weil ich zum Teil kaum mehr entziffern konnte, was ich in der Eile dahingekritzelt hatte. Oft waren Zettel schwierig zu ordnen, manchmal war ein einziger Text auf sieben oder acht verschiedenen Papierstückchen verteilt.

Ich tippte und tippte und die Anzahl der Seiten wuchs immer mehr, es war unglaublich, was sich da über ein paar Jahre angesammelt hatte. Beim Lesen so mancher Zeilen konnte ich kaum glauben, dass sie von mir kamen, es waren Texte, die mir fremd und doch so tief vertraut waren. Gefühle, die ich längst in Schubladen gesteckt hatte, so wie die ganzen Zettelchen. Einen Text nach dem anderen tippte ich in den Computer. Der Einzige, der davon wusste, war mein damaliger Partner.

Es kam, wie es wohl kommen musste. Bei einer Familienfeier fiel meiner Schwester der Text »blaue Stunde«, eine Geschichte aus unserer Kindheit, in die Hände. Mir war der Gedanke erst unangenehm, dass einer meiner Texte plötzlich die Runde machte und war gespannt auf ihre Reaktion, die sehr positiv ausfiel. Danke liebe

Schwester auf diesem Wege! Dadurch wurde ich mutiger. Kurze Zeit später traf ich einen lieben Bekannten wieder, der selber Autor ist und Erfahrungen mit einem Verlag hatte (dass ich einmal im Büro eines Verlages sitzen würde, auf diesen Gedanken kam ich auch zu diesem Zeitpunkt immer noch nicht). Ich gab ihm zwei, drei Texte zum Lesen, er reagierte begeistert und meinte, ich solle doch einen Termin bei seinem Verlag ausmachen. VERLAG???

Wollte oder sollte ich ein Buch veröffentlichen? Mit meinen Texten? Mir schwirrte der Kopf. Aber warum denn nicht? Hatte ich etwas zu verlieren? Bis zu diesem Zeitpunkt dachte ich immer noch, meine Geschichten würde höchstens eine Handvoll Menschen zu Gesicht bekommen und lesen.

Ich war überfordert. Nicht nur deswegen. Zu dieser Zeit war unserer Familie klar, dass mein Vater nicht mehr lange zu leben hatte. Ich war hin und hergerissen zwischen meiner Trauer und Schmetterlingen im Bauch, wenn ich an meinen Termin beim Verlag dachte.

Im November 2015 starb mein Vater. Ein paar Tage vorher bekam ich die Zusage des Verlages, ich würde mein erstes Buch veröffentlichen. Ich weiß noch, wie ich beim Verlag in Hohenems saß, die Worte des Verlegers hörte, nickte, mich freute und gleichzeitig mit den Gedanken ganz woanders war. Ich fühlte mich wie in der Szene eines Films und beobachtete mich aus einer gewissen Distanz. Nach der Besprechung fuhr ich zum Krankenhaus, es lag nur ein paar Minuten Fahrzeit entfernt. Ich kann mich noch gut an diesen ungläubigen Blick meines

Vaters erinnern, als ich ihm von meinem Vorhaben erzählte.

Noch heute berührt es mich sehr, wenn ich an diesen Moment denke. Wie sehr manchmal Freude und Leid, Zeiten des Neubeginns und Abschiednehmens nah beieinander liegen. So viele widersprüchliche Gefühle gleichzeitig zu erleben war eine sehr intensive Erfahrung.

Über diese Zeit der Trauer half mir damals das Wissen, dass nichts umsonst ist. Dass das Leben nicht mit dem Tod endet. So oft lesen wir davon. Was es aber bedeutet, jemand Nahestehenden zu verlieren, lässt sich kaum in Worte fassen.

Eigenartigerweise hatte ich nach dem Tod meines Vaters mehr denn je das Gefühl, dass er bei mir ist. Ich fühlte mich ihm unglaublich nah und war in manchen Momenten richtig überschwänglich vor Dankbarkeit für diese Zeit, die wir miteinander verbringen durften. Immer wieder erinnerte ich mich an Erlebtes und schmunzelte vor mich hin. Bekannte und Freunde umarmten mich, als sie mir ihr Mitgefühl ausdrücken wollten, und fingen selber an zu weinen. Es war schwer zu erklären, dass mein Vater für mich vom Gefühl her ja nur ums Eck war, oft viel näher als zu Lebzeiten. Ich schwieg und ließ mich umarmen, weil ich diese besonderen Momente der Verbundenheit und unendlichen Dankbarkeit für die Zeit für meinen Vater nicht zerreden wollte.

Mittlerweile sind acht Jahre vergangen und mein Vater ist immer noch sehr gegenwärtig in meinem Leben. Ich bin mir sicher, er wacht über unsere Familie und weiß, dass wir immer über die Liebe und unsere Erinnerung mit unseren Verstorbenen verbunden sind. Was für ein besonders kostbares Gefühl.

Ein Jahr später war es dann soweit. Das Wunder geschah und ich veröffentlichte mein erstes Buch, meine »Herz Erzählungen«. Und weil danach immer noch so viele Zettelchen in der Schublade darauf warteten, in einem Buch abgedruckt zu werden, erschien zwei Jahre später »Farben der Seele«.

Oft werde ich gefragt, wie ich das geschafft habe. Die Kinder, mein Job im Radio, Ausbildungen und dann werden auch noch Bücher von mir veröffentlicht.

Mittlerweile bin ich mir sicher, dass es für jede und jeden von uns eine Art Plan im Leben, einen Seelenplan gibt. Etwas, wonach unsere Seele strebt, einen Ausdruck in diesem Leben zu finden. Dieser Plan ist so vielfältig wie die Menschen selbst, jede und jeder von uns hat andere Aufgaben in unserem Dasein. Ich bin davon überzeugt, dass wir, wenn wir innehalten und vertrauen, spüren, wie wir geführt werden. Für den einen ist es das Universum, für den anderen die Engel oder Gott, die uns führen und liebevoll lenken.

Diese Bücher, die ich veröffentlicht habe, meine Ausbildungen haben offenbar »so sein sollen«. Wenn wir geführt werden und unseren innersten Impulsen folgen, passiert manchmal Magisches in unserem Leben. Türen werden aufgestoßen, Chancen ergeben sich wie von Zauberhand. Und im Gegensatz dazu wollen manche Vorhaben einfach nicht gelingen. Widerstände entstehen,

Pläne lassen sich nur mit großer Anstrengung umsetzen, aus dem Nichts tauchen Hindernisse auf. Das Leben stellt uns oftmals sehr auf die Probe und strapaziert unsere Geduld.

Im Laufe der Jahre habe ich gelernt, anders mit Widerständen umzugehen. Wenn ich merke, dass sich Vorhaben nicht gut anfühlen und ich nicht mit vollem Herzen dabei bin, lasse ich Pläne auch mal gut sein und konzentriere mich mehr auf das, was sich im Moment stimmiger anfühlt. Und ich frage mich: Wohin will die Energie gerade fließen? Was zeigt sich mir?

Weitere Ausbildungen

Nach einer Weile beschloss ich, mich neben der Ausbildung bei Jana Haas zur Humanenergetikerin ausbilden zu lassen.

Wie ich das alles mit zwei kleinen Kindern und meiner Arbeit beim Radio geschafft habe, weiß ich nicht mehr. Mein damaliger Partner hielt mir immer den Rücken frei und bestärkte mich auf meinem Weg, was mich sehr beflügelte. Endlich hatte ich meine Berufung gefunden. Alles fühlte sich richtig an und machte plötzlich Sinn für mich. Ich liebte die Arbeit mit meinen Probanden während der Ausbildung, lernte viel über Kinesiologie und Körperarbeit, parallel dazu tauchte die traditionelle chinesische Medizin wieder in meinem Leben auf, etwas, was ich schon gut verinnerlicht hatte, die TCM war wie eine Sprache, dir mir vertraut war.

Und da war er wieder, der rote Faden. Eines Tages ergab sich für mich eine Praxis, einfach so! Ich hatte nicht danach gesucht. Meine Probanden kamen während meiner Ausbildung zu mir nach Hause, ich dachte noch gar nicht daran, mich irgendwo einzumieten oder geeignete Räumlichkeiten zu suchen.

Und da geschieht es, wieder ein Wunder. Wie auf einem Silbertablett bekomme ich eine wunderschöne Praxis und seit ein paar Jahren darf ich dort mit Klienten arbeiten und Themenabende gestalten.

Vor drei Jahren startete ich zusätzlich die Ausbildung zur Lebens- und Sozialberaterin, die den Schwerpunkt auf systemische Aufstellungen legt. Mittlerweile vereine ich die unterschiedlichen Herangehensweisen in meiner Praxis und koche sozusagen »mein eigenes Süppchen«, was mir sehr viel Freude macht.

Ich bin Anfang fünfzig und habe so viel erfahren, so viel gelernt. Und ich habe erlebt, wie sich alles im Leben verändern kann, wenn man sich liebt und in kleinen Schritten erst einmal akzeptabel findet. Kennen Sie dieses warme Gefühl, wenn wir zum Beispiel über uns selbst schmunzeln müssen, weil wir gerade etwas sehr Liebenswertes in uns wahrgenommen haben? Wenn wir eine Herausforderung gemeistert haben, und sei sie auch noch so klein, und darauf stolz sind, auch wenn etwas daneben ging (obwohl, was heißt das schon?).

Die Selbstliebe verändert unser ganzes Wesen und diese Liebe strahlen wir in die Welt.

Die Selbstliebe ist mehr als ein Spaziergang

Die Liebe zu mir selbst. Die Eigenliebe oder Selbstliebe. Die Fürsorge für sich selbst, sich selbst an der Hand nehmen, gut für sich zu sorgen.

Welche Formulierung gefällt Ihnen am Besten?

Selbstliebe. Die, die man erst gar nicht spürt und oft weh tut, die unser Innerstes spiegelt und wenn wir uns damit befassen, unendliche Freiheit schenkt.

Ich habe in meiner Diplomarbeit über die Eigenliebe geschrieben, mittlerweile gefällt mir der Begriff Selbstliebe besser. Im Prinzip ist es egal, wie wir dieses Gefühl beschreiben, diese Fürsorge für sich selbst und seine Bedürfnisse.

Mein Einstieg in die Selbstliebe führte über Louise Hay, ihre warmherzigen Texte haben mir in dunklen Zeiten sehr geholfen und Halt gegeben, als ich mit Ende zwanzig krank war.

Bis zu diesem Zeitpunkt hatte ich mich nie mit diesem Thema beschäftigt. Damals waren andere Zeiten, ich dachte, ich hätte keine Zeit, mich mit derart »Esoterischem« zu befassen, außerdem wollte ich nicht wie ein Narzisst wirken, wie jemand, der sich immer nur um sich selbst dreht, dauernd mit einem Lächeln durch die Gegend läuft und alles im Leben toll findet. Das war auf jeden Fall meine Assoziation mit Selbstliebe: eine selbst-verliebte Nabelschau, der Geruch von Räucherstäbchen, Bilder von Menschen in bunten, wallenden Kleidern (oder ganz in weiß), die mit ihrem inneren Frieden die Probleme der Welt wegzaubern. Zu esoterisch, zu abge-hoben, zu lächerlich.

Die Selbstliebe geht tiefer. Sie ist ein nie enden wollen-der Prozess, der uns immer wieder vor Herausforderun-gen stellt.

Das Thema Selbstliebe hat mich in den letzten Jahren immer wieder beschäftigt, den Anstoß, darüber eine Di-plomarbeit zu schreiben, gab ein Besuch von Bekannten, die ich eingeladen hatte.

Wir saßen zusammen, eine lustige, gesellige Runde, Anekdoten aus dem Leben wurden erzählt.

Ich schilderte meinen Job als Moderatorin und sprach von meiner Arbeit als Lebens- und Sozialberaterin und dass mich das Thema Selbstliebe sehr beschäftigt.

Betretenes Schweigen. Aha.

»Die Selbstliebe ist so wichtig, ohne sie ist Nächsten-liebe gar nicht möglich!«, wandte ich ein. Ich erzählte von meinen Erlebnissen in der Praxis. Davon, dass so viele Probleme auf mangelnde Selbstliebe zurückzufüh-ren sind.

Umsonst. Wir reden wieder über etwas anderes.

An diesem Abend hatte ich verstanden: Es ist immer noch nicht selbstverständlich, aus vollem Herzen, vor allem vor anderen zu sagen: »Ja, ich liebe mich«. Es klingt immer noch seltsam, befremdlich, wichtigtuerisch und egozentrisch.

Dabei wäre ich ohne die Liebe zu mir selbst nicht hier, wo ich jetzt bin. Ich wäre nicht dieselbe Person. Den Zugang zur Selbstliebe zu finden ist das Beste, was mir in meinem Leben passieren konnte. Was für ein spannender, schmerzhafter, aufregender, erfüllender Prozess. Leichtigkeit, Lebensfreude, das Leben wahrhaftig lieben geht in meinen Augen nur mit Selbstliebe im Herzen. Sie ist der Schlüssel zum Glück, von dem wir uns immer wünschen, dass wir es anziehen und möglichst lange in unserem Leben haben. Glücksmomente sind Sternstunden, die Selbstliebe verdoppelt sie. Sie richtet den Blick nach Innen.

Und wie leicht oder schwer ist es, sich die Selbstliebe anzueignen und welche Auswirkungen hat sie auf das eigene Leben?

Die Liebe ist die Grundlage allen Lebens, ohne sie ist kein Miteinander möglich.

Es ist ein Geschenk, dass wir Liebe empfinden und weitergeben dürfen.

Sie ist die größte Heilkraft, sie sprengt Barrieren und löst Blockaden auf, sie überwindet alle Hürden des Lebens. Sie ist grenzenlos und immerwährend. Wir wissen um diese große Kraft der Liebe. Die Liebe zu unseren Mitmenschen, unseren Partnern, unseren Kindern, zu unseren Nächsten. Diese Liebe bereichert uns und macht uns glücklich.

Dazu gehört die Liebe zu uns selbst. Wenn wir uns selbst nicht lieben, ist es kaum möglich, Liebe für etwas anderes oder jemand anderen zu empfinden.

Es müsste doch ganz einfach sein. Und logisch. Nächstenliebe funktioniert nur, wenn ich mich selbst annehmen kann. Wenn ich mir gegenüber Wertschätzung erbringe, dann kann ich mein Gegenüber wertschätzen. Wenn ich mir selbst gegenüber tolerant und wohlwollend bin, funktioniert das auch bei anderen.

Die Liebe kann uns heilen, allerdings erst, wenn wir diese Selbstliebe in uns gefunden haben. Wenn wir gelernt haben, uns mit allen unseren Schwächen anzunehmen. Wenn wir uns dafür entschieden haben, uns mit vollem Herzen zu unterstützen, in allen unseren Belangen. Wenn wir gelernt haben, unsere Gefühle ernst zu nehmen und zu hinterfragen. Selbstliebe bedeutet, dass wir reagieren, wenn es uns nicht gut geht. Dass wir uns überlegen, was uns wirklich gut tut und wie wir uns am besten unterstützen können. Sie erfordert Mut und ein großes Maß an Bewusstsein. Und ist oftmals anstrengend.

Ich versuche also, mich zu lieben und mit all meinen Facetten anzunehmen, mit meinen Stärken und Schwächen. Ich weiß, ich leiste viel in meinem Alltag, versuche, Familie, Job und Freizeit unter einen Hut zu bekommen, wie viele andere auch. Ich könnte mich jeden Tag im Spiegel anlächeln und zu mir sagen:

»Wie hübsch du bist, und wie stolz ich auf dich bin. Du machst das wunderbar.«

Und ich weiß:

Wenn ich mir selbst gegenüber nicht tolerant bin, kann ich das auch nicht bei meinem Gegenüber sein. Wenn ich es gewohnt bin, nur Bestleistungen von mir zu verlangen, dann lege ich auch bei meinen Mitmenschen einen hohen Maßstab an. Wenn ich mich selbst verurteile, dann werde ich das auch bei anderen tun.

Klingt alles einleuchtend und einfach.

Und dennoch tun wir uns mit Selbstliebe so schwer. Warum? Warum gibt es so viele Ratgeber zu diesem Thema, wenn alles so leicht sein könnte?

Der Weg zur Selbstliebe ist mehr als ein Spaziergang. Sie hat nur wenig zu tun mit einem Wellnesswochenende und Schaumbädern im Kerzenschein. Wer sich tiefer mit der Eigenliebe beschäftigt, ahnt, dass dieser Weg mitunter auch schmerzhaft und unbequem sein könnte, eben nicht nur ein Wellnesstrip. Aber woher sollen wir wissen, wie das mit der Selbstliebe funktioniert? Sie wurde uns ja nie so richtig vorgelebt, zumindest den meisten von uns.

»Die Heilige«

Schon als Kind wusste sie, was zu tun war. Ihre Mutter hatte es ihr vorgelebt. Immer da sein für andere, immer hilfsbereit und freundlich sein. Sich aufopfern für andere. Sich nicht hinterfragen und auch sonst nicht viel fragen.

Still die Arbeit erledigen, in der Hoffnung, zu entsprechen und zu gefallen.

Sie wuchs heran und gefiel. Sie heiratete jemanden, der sich vor allem in ihre Schönheit, ihren Fleiß und ihr Stillsein verliebte und vor allem schätzte, dass sie nicht viel fragte und schon gar nicht hinterfragte. Sie tat ihre Pflicht, was zu tun war, wusste sie ganz genau.

Kinder kamen, ihr großes Glück. Und es kamen einige. Sie fühlte sich trotzdem zunehmend leer und ging weiterhin ihrer Arbeit nach. Die Kinder, sie bekamen so viel Liebe von ihnen, so viel, dass sie gar nicht merkte, wie lieblos sie von ihrem Mann behandelt wurde. Die Kinder bekamen ihre doppelte Liebe, weil auch die Vaterliebe ausblieb. Sie liebte und gab alles und wurde immer leerer. Sie arbeitete noch mehr, um ihre Einsamkeit und Erschöpfung nicht zu spüren.

Sie ist so wunderbar, hieß es. Sie denkt nie an sich, immer nur an das Wohl der anderen, wie eine Heilige, sagten die Leute.

Sie wurde älter. Ihr Mann und sie waren Fremde unter einem Dach, die getrennte Wege gingen. Die Kinder gingen ebenso, mit viel Liebe und Zuversicht, hinein ins Leben. Und doch gingen sie.

Da machte sie eine Entdeckung. Sie entdeckte sich selbst. Sah ihre Talente, suchte und fand lang verschüttete Gefühle, weinte über verlorene Chancen und ging ihren vielen Talenten nach, denn jetzt fand sie Zeit dazu. Ihr Mann, mittlerweile ein Mensch, für den sie kaum mehr etwas empfand, starb. Sie war allein, und doch nicht einsam. Allein mit sich selbst. Ihr ganzes Leben hatte sie verschenkt, an Familie und Freunde. Jetzt hatte sie nur noch sich selbst und ihre wiederentdeckte Freude am Leben. Sie ging auf Entdeckungsreise und war zum ersten Mal in ihrem Leben vom Leben erfüllt.

aus: »Herz Erzählungen«, 2016

Wir leben in einer Zeit, in der wir Freiheiten genießen, von denen unsere Eltern und Großeltern nicht einmal zu träumen wagten. Viele von uns haben Möglichkeiten, uns zu verwirklichen, wir können unseren Talenten nachgehen und unsere Freizeit nach unseren Vorlieben planen.

Es ist kein Wunder, dass unsere Eltern und Großeltern oft mit Unverständnis reagieren, wenn wir derart mit uns selbst beschäftigt sind. Zu ihrer Zeit ging es oftmals um das nackte Überleben, darum, woher das Essen für den nächsten Tag kommt, um die Familie über die Runden zu bringen. Sie erlebten und überlebten mitunter sogar zwei Weltkriege, die entbehrungsreiche Nachkriegszeit und Verzicht auf vielen Ebenen. Es war verpönt, zu sehr auf sich selbst zu schauen, wer sich zu sehr mit sich selbst beschäftigte, galt schnell als egoistisch und selbstverliebt.

Wir alle wurden durch unsere Eltern und Vorfahren geprägt, viele von uns kennen Sätze und Aussagen wie:

»Eigenlob stinkt«, oder

»Bescheidenheit ist eine Zier«

Uns wurde also eingetrichtert, sich selbst weder zu loben noch träumen zu dürfen, von einem anderen, einem glücklicheren, erfüllten Leben, in dem wir uns entfalten und unseren Talenten nachgehen können. Der Plafond ist schnell erreicht, wir sollten uns mit den Umständen zufriedengeben, so wie sie sind.

Niemand hat uns also gelehrt, was es heißt, sich selbst zu lieben.

Das Leben heute birgt zwar viel mehr Möglichkeiten als damals, auf der anderen Seite leben wir in einer Zeit der Selbstoptimierung, der Druck in der Arbeitswelt steigt, die Welt scheint sich immer schneller zu drehen und die Anforderungen an uns werden immer größer. Die Zahl der Menschen, die an Depressionen erkranken, nimmt zu, viele scheitern an den hohen Anforderungen oder sie brennen aus.

Ich erlebe in meiner Praxis sehr oft, wie sehr manche Klienten den Zugang zu sich selbst und ihren Emotionen verlernt haben. Ihre angeborene Intuition bleibt häufig auf der Strecke. Und immer noch ist Selbstliebe verpönt, weil sie oft mit Egoismus verwechselt wird.

Was ist der Unterschied zwischen Selbstliebe und Selbstverliebtheit?

Ich bin mir sicher, dass in meiner Runde unter Bekannten, wie eingangs erwähnt, das Wort »Selbstliebe« automatisch mit Selbstverliebtheit gleichgesetzt wurde. Eigenliebe klingt anscheinend nach Egoismus, nach einer »Zuerst ich, dann alle anderen«-Haltung, bei der sich alles um Selbstverwirklichung im negativen Sinne dreht. Nur so kann ich mir ihre Verlegenheit und Ablehnung gegenüber diesem Thema erklären.

Ich kann es gut nachvollziehen. Wir haben schwierige Jahre hinter uns, Corona hat unser Weltbild verändert, wir haben uns verändert durch dieses Virus, das dafür gesorgt hat, dass wir mit Masken einkaufen gehen und uns darüber streiten, ob Impfungen bei Corona sinnvoll sind oder nicht. Eine Weile hatte es den Anschein, als ob die Menschen in der Pandemie wieder näher zueinander rücken. Nächstenliebe wurde großgeschrieben, gepflegte Nachbarschaft wurde zum Ideal, das Gefühl, dass wir uns nicht nur um uns selbst, sondern auch um andere sorgen. Das Blatt hat sich gewendet, mittlerweile sind Familien zerstritten aufgrund der Impfdebatte, Freundschaften werden unwiderruflich gekündigt.

Wer die Selbstliebe pflegt, gut auf sich schaut und im

Außen kommuniziert, auf seine Bedürfnisse Rücksicht zu nehmen, erlebt mitunter, dass diese Einstellung nicht immer begrüßenswert ist. Selbstliebe eckt oft an, weil ihr zu sehr die Selbstverliebtheit, die Egozentrik anhaftet.

Wo liegt die Grenze zwischen Selbstliebe und Egoismus, zwischen der Achtung meiner Bedürfnisse und Narzissmus?

Manche Experten sprechen bei narzisstischem Verhalten von einer genetischen Komponente als Ursache, meistens wird allerdings davon ausgegangen, dass seine Wurzeln in der Kindheit zu finden sind. Ein extrem verwöhnender, aber auch autoritärer Erziehungsstil kann dazu führen, dass sich Menschen zu Narzissten entwickeln, die ein großes Bedürfnis nach Anerkennung haben.

Und hier kommen wir zum großen Unterschied zwischen Narzissmus und Selbstliebe. Jemand, der ein gesundes Selbstbewusstsein hat und gut mit sich im Reinen ist, sucht nicht ständig die Anerkennung im Außen. Er spürt, wenn die eigene Freiheit so weit geht, dass sie andere verletzen würde und bringt seinem Gegenüber meistens Wohlwollen und Respekt entgegen.

Ein weiterer Schlüssel ist sicher die Anerkennung. Narzissten suchen sie oft im Erfolg, im Freundes- und Bekanntenkreis. Jemand, der gut in sich verwurzelt ist, weiß, dass Anerkennung im Außen sicher etwas Positives und Bestätigendes hat, aber sie ist nicht zwingend notwendig, damit ich mich in mir selbst wohlfühle.

Wahre Eigenliebe ist Narzissten fremd.

Prägungen

Die ideale Bilderbuchkindheit gibt es nicht. Manche von uns haben im Erwachsenenleben einen leichten Rucksack zu tragen, viele blicken auf eine wenig liebevolle Kindheit zurück. Vor allem die ersten Jahre in unserem Leben prägen uns nachweislich, der Umgang der Eltern untereinander, das, was wir erlebt haben, hinterlässt Spuren. War unsere Umgebung positiv und liebevoll? Oder negativ und traumatisch? Das, was Kinder erleben, ist für sie normal, sie hinterfragen nicht. Wenn Eltern ihrem Kind sagen, dass es zu dumm für manche Dinge ist, dann glaubt das Kind, was es hört. Für das Kind ist das, was die Eltern sagen und tun, das absolut Richtige, sie zweifeln das Handeln von Mutter und Vater nicht an.

Wenn ein Kind erlebt, dass Liebe und Zuneigung nur dann verfügbar sind, wenn es sich so verhält, wie die Eltern es für gut befinden, dann lernt es, dass Liebe an Bedingungen geknüpft ist. Die Eltern legen fest, ob das Kind sich in seiner Umgebung sicher fühlt oder immer auf der Lauer sein muss, weil Gefahr droht.

Wir nehmen all unsere Erfahrungen und Prägungen mit in unser Erwachsenenleben und verhalten uns entsprechend. In unserem Leben handeln wir unbewusst nach immer gleichen oder ähnlichen erlernten, antrainierten Mustern und Glaubenssätzen.

Viele von uns kennen solche Glaubenssätze wie:

»Das Leben ist kein Ponyhof«, oder

»Ohne Fleiß kein Preis«

Die Liste ließe sich noch weiter fortsetzen, jede und jeder von uns kennt solche Sätze aus der Kindheit. Sie brennen sich in unser Unterbewusstsein ein und als Erwachsene handeln wir danach. Bei den meisten Glaubenssätzen geht es darum, wie wir zu sein haben, wie das Leben scheinbar ist, und wie wir uns zu verhalten haben. In weiterer Folge heißt das, wenn wir diesen und jenen Glaubenssatz verinnerlichen und danach leben, dann sind wir erfolgreich und sozial verträglich. Dann sind wir fleißig, verhalten uns angepasst und orientieren uns im Außen. Und tief in unserem Inneren schwingt ständig dieser Satz mit:

Ich bin nicht gut genug.

Ich bin nicht gut genug, ich muss netter und fleißiger sein, ich darf nicht jammern, ich muss bescheiden, schön, schlank und angepasst sein. Ich darf meine Bedürfnisse nicht kommunizieren, ich muss in erster Linie an die anderen denken. Ich bin nicht so wichtig.

Wenn ich also dieses Programm erfülle, werde ich geliebt und bekomme Anerkennung. Die Liebe im Außen zu bekommen, muss scheinbar ein Kraftakt sein, etwas, das uns nicht einfach so zufällt. Um geliebt zu werden, muss man sich anstrengen, wir müssen etwas dafür tun, uns verbiegen und verstellen und uns anpassen, dann steigt die Wahrscheinlichkeit, akzeptiert und geliebt zu werden.

Das heißt also, wenn wir das alles nicht tun, können wir lange warten, bis uns jemand liebt oder annimmt.

Wenn wir uns dauernd verstellen und anpassen, heißt das umgekehrt auch:

Wenn ich so bin, wie ich bin, dann kann ich nicht davon ausgehen, liebenswert zu sein.

Gemocht werden wollen

Es ist wie ein stetiger Kampf, ein ewiges Ausrichten auf ein Außen, von dem wir uns Erfüllung versprechen. Wir verbiegen und verstellen uns, um es allen recht zu machen.

Gemocht werden wollen ist wie Hunger, der nie gestillt werden kann. Wir klopfen an Türen, die sich nie öffnen. Wir verausgaben uns, splittern uns auf in Millionen Teile, treiben verloren durch die Welt, verstreut im Wind. Teilen uns, bis nichts mehr von uns übrigbleibt. Außer unserem Kern. Und vielleicht entscheiden wir uns dann, von innen heraus zu wachsen. Schicht um Schicht, bis wir irgendwann ganz wir selbst werden und uns annehmen. Dann müssen wir nie wieder in der Kälte verharren und vergeblich darauf warten, dass sich Türen öffnen.

aus: »Farben der Seele«, 2018

Jeder von uns will gemocht, anerkannt und geliebt werden. Dieses Bedürfnis kann mitunter zur Sucht werden. Als Schauspielerin habe ich so oft beobachtet, wie die Akteure nach dem Applaus in ein Loch fallen, weil sie die Leere und Stille nicht aushalten, diesen Moment, wenn sie alleine mit sich sind, wenn sich wieder der graue Alltag bemerkbar macht: Katerstimmung pur. Und manche Schauspieler, die gut in sich verankert waren, konnten dieses wunderbare Gefühl beim Applaus hinnehmen und genießen, und danach wieder mühelos in ihren Alltag übergehen.

Weil sie nicht abhängig waren vom Applaus, der Anerkennung, der Bewunderung. Weil sie in sich etwas trugen, das sie freimachte. Dieses Gefühl, zu genügen, auch wenn der Applaus verebbt. Dieses Gefühl, Freund zu sein mit sich. Sich mögen, auch wenn es gerade keinen offensichtlichen Grund dafür gibt. Einfach so.

Selbstliebe – wie komme ich da hin?

Wenn es nach den vielen Büchern und Ratgebern auf dem Markt geht, die sich um die Eigenliebe drehen, dann hätten wir es ja geschafft. Wir lesen darüber, was wir zu tun haben, setzen es um, und da ist sie: die Selbstliebe in uns.

Wenn all diese Konzepte funktionieren würden, dann würde jeder auf der Welt sich selbst lieben. Es ist wie mit Diäten. Es gibt hunderte von ihnen, die Zeitschriften sind voll davon. Wenn wir die zehn Minuten Übungen im Alltag beherzigen und dazu noch ein 15-Punkte-Programm bewältigen, dann müsste das doch klappen mit der Traumfigur, dem Traumpartner und der Eigenliebe. Das kann doch nicht so schwer sein! Und dann machen sich gleich wieder unsere Glaubenssätze, unsere tief verankerten Überzeugungen bemerkbar, wenn wir scheitern. »Das war ja wohl klar, alle können das, nur du nicht. Du bist zu wenig diszipliniert, zu faul, zu dick, zu …«.

Wir machen uns verantwortlich für unser Scheitern, wir schaffen nicht einmal ein simples »3 Schritte zur Selbstliebe«-Programm. Alle schon, nur wir nicht. Wir schimpfen mit uns selbst, wie Erwachsene es mit Kindern tun, wenn sie nicht gehorchen, sich nicht so verhalten, wie es erwünscht wäre. Ziel nicht erreicht. Versagt.

Und diese Sätze, diese Art, sich selbst zu sabotieren, kennen die meisten von uns. Sich derart zu behandeln, führt erstens nicht nur weg von der Selbstliebe, diese Glaubenssätze, die ständig in uns wirken, können uns mitunter krank machen.

Und hier beginnt die ernsthafte Auseinandersetzung mit uns selbst.

Und dieser Weg ist gepflastert mit vielen Wendungen, Kurven, Abenteuern, Tränen, Schrammen und heilsamen Erkenntnissen.

Wahrnehmung und Beobachtung

Wer sich mit Selbstliebe beschäftigt, kommt nicht daran vorbei, sich mit sich selbst zu beschäftigen.

Wenn wir beginnen, uns zu beobachten, wie wir unser Leben leben, wie wir zur Arbeit gehen, wie wir unseren Hobbies nachgehen und uns gegenüber Freunden und Familie verhalten, dann beginnt eine Reise. Und es gibt Vieles zu entdecken und zu lernen.

Wie verhalte ich mich wann? Was verletzt mich, und welche Begegnungen kosten mich Energie? Was tut mir gut? Wer bin ich überhaupt? Kann ich mich überhaupt wahrnehmen in dieser hektischen Welt?

Und: Was denke ich über mein Verhalten? Bewerte ich mich automatisch oder kann ich einfach ganz ohne Urteil feststellen, wie ich durch mein Leben gehe?

Dieser distanzierte Blick auf sich selbst lohnt sich. Wir beobachten uns, unsere Entscheidungen, unsere Motivation, etwas erreichen zu wollen. Wir lernen uns selbst besser kennen.

Fragen, die nachspüren, was wir uns wünschen und welche unsere Ziele sind, lauten z. B.:

»Was würde ich tun, wenn ich ab heute nicht mehr arbeiten gehen müsste?«

Oder: »Wie sieht mein idealer Tag aus, in welcher Umgebung fühle ich mich wohl?«

Dabei geht es darum, in Beziehung zu uns selbst zu gehen.

Achtsamkeit ...

... und das Gegenteil davon, das Multitasking. Mittlerweile wissen wir, dass wir uns nicht auf mehrere Aufgaben gleichzeitig konzentrieren können, ohne darunter nicht in Stress zu geraten.

Achtsamkeit ist mittlerweile ein Modewort geworden, allerdings ist es ein heilsames Modewort. Heutzutage ist es nicht mehr seltsam, Achtsamkeitsseminare zu buchen, eine Woche in einem Schweigekloster zu leben oder eine Yogawoche auf Ibiza zu verbringen. Das Bewusstsein der Menschen verändert sich – und das ist gut so. Wir kommen uns selbst näher, tun uns etwas Gutes, lernen, uns und unsere Gefühlswelt besser zu verstehen und im Idealfall lernen wir, liebevoll und verständnisvoll mit uns selbst umzugehen. Und dann ...

... kommt die Königsdisziplin Alltag. Mit einem vollen Energie-Akku kommen wir zurück zu unseren Lieben, strahlen Ruhe und Zufriedenheit aus und stecken mit unserer Ausgeglichenheit andere an. Das geht eine Woche so, und dann ist er wieder da. Der Alltag. Die vielen Aufgaben, Verpflichtungen, Termine, Erledigungen ... und unsere Energie-Akkus werden wieder leerer, früher oder später. Eine Woche Auszeit ist wunderbar, doch sie bringt nicht viel, wenn wir diese besondere Energie, dieses Bewusstsein, nicht in unseren Alltag integrieren können.

Wir können den schönsten Wellness-Urlaub, den interessantesten Retreat buchen, wenn wir wieder zu Hause sind, kommt die große Frage: Hat das, was ich gelernt habe, Bestand? Wie können wir diese Achtsamkeit, dieses Bewusstsein, diese klaren Gedanken mit in den Alltag nehmen?

Es sind die kleinen Momente in unserem Leben, die so viel ausmachen.

Wenn wir in der Früh aufwachen, welche Gedanken haben wir dann im Kopf? Viele von uns haben sofort den ganzen Tag mit all seinen Verpflichtungen vor sich. Und genau hier können wir ansetzen. Gewöhnen wir uns an, zumindest für ein paar Sekunden wahrzunehmen, wie wir uns gerade fühlen, womöglich hängen wir noch einem Traum nach oder wir fühlen uns erfrischt. Wie beginnen wir dann den Tag? Stürzen wir einen Kaffee in aller Hast hinunter und verschlingen wir auf dem Weg zur Arbeit ein Croissant, weil wir einfach keine Zeit für das Frühstück finden? Könnte man diesen Start in den Tag auch anders gestalten? Hilfreich ist es auch, immer wieder während des Tages in sich hineinzuspüren. Wie fühle ich mich gerade? Ärgere ich mich über einen Kollegen? Was kann ich tun, damit es mir in dieser oder jener Situation besser geht? Was macht denn mein Atem gerade? Ist er tief und entspannt oder neige ich gerade zur Schnappatmung? Möchte ich nach der Arbeit wirklich joggen gehen oder ist ein Abend mit Freundinnen heute eher das Richtige für mich?

Diese Achtsamkeit mit sich selbst schenkt uns immer wieder Momente des heilsamen Innehaltens. Es ist ein

Geschenk, das wir uns machen, indem wir uns wahrnehmen und uns in vielen Situationen während des Tages unterstützen kann.

»Aber ich kann mich doch nicht dauernd mit mir selbst beschäftigen«, denken Sie vielleicht. Stimmt. Vieles ist Gewohnheit. Selbstliebe kann mit ein paar Sekunden der Achtsamkeit beginnen, wenn sich mein Magen zusammenkrampft, weil mein Chef gerade einen Wutanfall bekommt. Oder ich in einer wichtigen Sitzung merke, dass ich Kopfschmerzen bekomme und mir ein Glas Wasser hole, obwohl der Zeitpunkt gerade scheinbar nicht passt.

Es sind diese Miniaufmerksamkeiten, die wir uns schenken. Die, die nach außen hin niemand merkt. Es ist diese Fürsorge, die wir für uns tragen und uns das Leben leichter machen.

Der Körper

Ohne ihn geht es nicht auf dieser Reise.

Der Körper ist unser Verbündeter, er weiß alles über uns. Er kennt unseren Kummer, er hat alle unsere Erfahrungen gespeichert, er ist unsere Landkarte der Seele, niemand kennt uns besser. Er lügt nicht, die Körpersprache lässt sich nicht austricksen.

Ich habe die Erfahrung gemacht, dass vor allem Frauen mit ihrem Körper auf Kriegsfuß stehen und unser Selbstbewusstsein sehr oft davon abhängt, wie dick oder dünn wir gerade sind. Über den Körper zeigt sich, wie sehr wir uns annehmen und lieben.

In mühsamen, kleinen Schritten habe ich in meinem Leben gelernt, gut zu meinem Körper zu sein, ihn wahrzunehmen und ihn mit nahrhaftem Essen zu versorgen. Ich wurde auf schmerzhafte Weise gezwungen, hinzuschauen, auf das, was wirklich ist. Mein ganzes Leben wurde »auf Null« gesetzt, ich musste von vorne anfangen, in ganz kleinen Schritten, im wahrsten Sinne des Wortes.

Ich begann wahrzunehmen, wie sich mein Körper anfühlt, wenn ich mich gut ernähre. Ich musste lernen, zu spüren, ob ich satt, erschöpft, müde oder hungrig war.

Der Körper war ab sofort mein Lehrer und ich begann, mich zu fügen. Er hatte ab sofort das Sagen, er wusste besser als ich, was ich brauche. Er hat mich gezwungen, innezuhalten, indem er mich bewegungsunfähig machte. Ich spürte zumindest unbewusst, dass es keine andere Möglichkeit gab, gesund zu werden. Rebellion oder das Hadern mit der Krankheit konnte ich mir nicht leisten. Im Nachhinein eine der größten Chancen in meinem Leben, mich mit mir selbst auseinanderzusetzen und den Weg der Selbstliebe zu starten.

Und ich wurde für diesen steinigen Weg belohnt. Ich wurde wieder gesund und mein Körper ist heute mein Freund und Verbündeter, zumindest meistens. Er sagt mir genau, wann ich Grenzen überschreite, er meldet sich sofort, wenn ich ihn vernachlässige. Er ist eine Art Radar, das sofort spürt, was mir guttut und was nicht. Wenn er müde ist, ist er müde. Wenn er schmerzt, dann lässt sich der Schmerz nicht ignorieren.

Sich mit dem eigenen Körper anzufreunden, egal, wie er aussieht, ist eine der tragenden Säulen, was die Selbstliebe betrifft. Er führt uns zu unserer Wahrnehmung, über ihn können wir uns spüren.

Er schickt uns permanent Botschaften:

»Ich habe Hunger! Ich brauche eine Pause, ich bin müde! Ich würde mich gerne bewegen! An diesem Ort, bei dieser Person fühle ich mich leicht oder auch eng und eingesperrt ...«

In meiner Praxis habe ich so oft erlebt, dass Menschen keinen Bezug zu ihrem Körper haben. Sie spüren ihren Atem nicht, sie haben keine Wahrnehmung dafür. Erst wenn unser Körper streikt oder schmerzt, schenken wir ihm Zuwendung.

Ich kann davon ein Lied singen, wie es ist, seinen Körper nicht zu kennen und zu spüren und trotzdem von ihm wie selbstverständlich zu erwarten, dass er funktioniert. Den meisten von uns hat man nicht beigebracht, in den Körper hineinzuhören, zu spüren, wie er sich fühlt, auf ihn Rücksicht zu nehmen. Woher sollen wir auch dieses Wissen haben?

In der Schauspielschule geht es im Sprech- und Stimmunterricht auch um das richtige Atmen bzw. verschiedene Atemtechniken. Damals habe ich zum ersten Mal gespürt, wo man den Atem überall in seinem Körper spüren kann! Für mich ist der Atem der Schlüssel zu unserem Körper und schließlich zu uns selbst. Er ist existenziell und dabei so selbstverständlich, dass wir Gefahr laufen, ihn in unserem hektischen Alltag komplett zu vergessen.

Der tiefe Atem, also die Bauchatmung, schafft einen Zugang zu uns selbst. Menschen, die auf der Bühne stehen, wissen um diese Kraft. Mit einer tiefen Bauchatmung fällt es schwer, nervös zu sein. Außerdem blendet die volle Konzentration auf das Atmen andere Gedanken aus. Wir können nicht auf den Atem fixiert und gleichzeitig gestresst sein. Schon nach wenigen Minuten beruhigen wir uns, unser Herzschlag wird gleichmäßiger, der Atem tiefer.

Haben Sie schon einmal Tiere oder Babys beim Atmen beobachtet? Sie atmen tief in ihren Bauch hinein und sind dabei vollkommen entspannt. Die Atmung ist ein Spiegel unseres Wohlbefindens. Fühlen wir uns wohl, dann sind auch unsere Muskeln entspannt. Sind wir hingegen gestresst und jagen in unserem Alltag von einem Termin zum anderen, dann spannen wir unsere Muskeln unbewusst an, die Atmung wird im wahrsten Sinne des Wortes gepresst. Wir haben es alle schon erlebt, wie der Atem auf unsere Emotionen reagiert. Wir sitzen mitten in einer fröhlichen Runde und lachen? Dann ist unser Atem tief und gleichmäßig. Sind wir dagegen belastet, weil wir eine schlechte Nachricht bekommen haben, dann schnürt es uns buchstäblich die Kehle zu, wir bekommen keine Luft und atmen unregelmäßig und flach. Unser Bauchraum ist von der Atmung abgeschnitten. Doch wie können wir die Bauchatmung lernen?

Schon allein dadurch, dass wir den Fokus auf unseren Atem legen, verändern wir ihn. In meinem Yoga-Kurs habe ich gelernt, im ersten Schritt den Atem einfach nur zu beobachten, ohne ihn verändern zu wollen. Das ist gar nicht so einfach.

Zwei weitere Übungen bringen uns wieder mehr zu uns selbst und stärken die Wahrnehmung für unseren Körper:

Die Feueratmung
Dabei atmen wir stoßweise die Luft aus und spüren nach, wie sich unser Bauch dabei bewegt. Diese Übung macht uns wieder frisch, außerdem werden alle Bauchorgane »massiert« und durchblutet, was unserer Gesundheit guttut.

Die Wechselatmung

Dabei wird eingeatmet, beim Innehalten halten wir das rechte Nasenloch zu und atmen über das linke aus. Wir atmen über das linke Nasenloch wieder ein, halten inne, halten das linke Nasenloch zu und atmen über das rechte wieder aus und ein, halten inne usw. Gerade bei dieser Übung, bei der wir uns konzentrieren müssen, sind keine Alltagsgedanken möglich, wir können uns ganz auf uns selbst und unseren Atem konzentrieren.

Eine andere Übung, die uns hilft, uns mit unserem Körper anzufreunden, ist die ...

Dankbarkeitsmeditation

»Wir setzen uns bequem auf unseren Stuhl oder legen uns hin, so, dass wir uns wohlfühlen.

Wir beobachten unseren Atem und spüren, wie er allmählich langsamer wird. Wir stellen fest, wie sich unser Bauch hebt und senkt und sich unser Körper entspannt. Mit unserer Aufmerksamkeit gehen wir zu unseren Füßen. Wie fühlen sie sich an? Sind sie warm oder eher kühl? Unsere Füße tragen uns schon so viele Jahre jeden Tag durch unser Leben. Sie gleichen holprige Wege aus, sie passen sich unseren Schuhen an, sie tragen uns. Sie halten uns aufrecht und geben in jedem Moment unseres Lebens die Balance. Wie gut tut es, wenn wir ihnen hier und jetzt danke sagen.

Wir gehen mit unserer Aufmerksamkeit zu den Knien. Wie flexibel müssen sie sein! Sie halten unser Gewicht, sie sind Stoßdämpfer, halten Druck und Belastungen aus. Wie komplex sind unsere Knie gebaut, damit sie all diese Aufgaben erfüllen können! Wir schicken einen liebevollen Gedanken zu unseren Knien und bedanken uns dafür, dass sie uns so wendig und flexibel durchs Leben tragen.

Mit unserer Aufmerksamkeit gehen wir zu unserem Bauch. All die Organe sind rund um die Uhr damit beschäftigt, unser Essen zu verwerten und daraus Energie herzustellen, damit unser Körper funktioniert. Wie oft haben sie es mit minderwertiger Nahrung zu tun. Unsere Organe machen weiter ihre Arbeit, wir sagen ihnen ein herzliches »Danke« für ihre Toleranz und ihre unermüdliche Arbeit. Wir konzentrieren uns jetzt auf unsere Sinnesorgane, ...«

Diese Meditation lässt sich in dieser Form weiterführen und weiter ausbauen. Ich habe sie immer wieder in meiner Praxis angewendet, sie ist ein wunderbares Instrument dafür, unseren Körper zu spüren und seine tagtägliche Arbeit zu schätzen und in Kontakt mit uns selbst zu kommen. Und ihn dadurch mehr anzunehmen, so wie er ist.

Eine Übung, die im Schauspielstudium gelehrt wird, ist ...

Der Goldene Faden

Die Übung stärkt unsere Präsenz und unser Bewusstsein im Alltag und macht uns zusätzlich selbstbewusster. Dabei stellen wir uns hüftbreit hin und achten auf unsere Aufrichtung. Für eine gute Erdung stellen wir uns vor, wie wir mit unseren Fußsohlen tief verwurzelt mit der Erde sind. Womöglich wachsen uns Wurzeln, die uns gut verankern. Wir können uns aber auch vorstellen, Saugnäpfe an unseren Fußsohlen zu haben. Während wir uns tief verwurzelt fühlen, stellen wir uns vor, wie sich ein goldener Faden vom Wurzelchakra durch alle unsere anderen Chakren nach oben zieht, um dann beim Scheitelchakra durchzukommen. Jetzt stellen wir uns einfach vor, wie uns der goldene Faden leicht nach oben zieht, wie eine Marionette. Dabei spüren wir, wie sich in dieser Aufrichtung unsere Haltung verbessert, wir werden dabei geradezu ein bis zwei Zentimeter größer. Die Schultern und Arme sind dabei ganz entspannt. In dieser Position ist es fast unmöglich, unruhig oder hektisch zu sein. Wir sind ganz bei uns und spüren unsere innere Kraft.

Diese Übung hilft uns, wenn wir uns immer wieder im Alltag an sie erinnern, unsere wahre Größe und Präsenz zu erkennen. Wir spüren unsere mentale Stärke und sind dadurch viel besser im Alltag gewappnet.

Es lohnt sich, sich mit seinem Körper anzufreunden. Über ihn dürfen wir das Leben erfahren, in ihm sind wir zu Hause und verankert. Dadurch, dass wir ihm für das Wunder seines Seins dankbar sind, geht der Fokus weg von seiner Hülle und davon, wie sie aussieht.

Unser Körper trägt all unsere Erfahrungen in sich, alles ist in uns gespeichert. Er spricht zu uns und schickt uns Botschaften, er zeigt uns unsere Grenzen auf. Vom deutschen Dichter und Schriftsteller Christian Morgenstern gibt es dazu einen schönen Spruch:

»Der Körper ist der Übersetzer der Seele ins Sichtbare.«

Eine weitere Möglichkeit, sich mit seinem Körper und mit sich selbst anzufreunden, sind …

Emotionen

Der Weg zur Selbstliebe führt nach Innen. Zu unseren Emotionen. Sich damit zu befassen, kann sehr schmerzhaft sein. Eines haben der Körper und unsere Gefühle gemeinsam. Sie lügen nicht. Sie sind wahr. Oft verstehen wir sie nicht, oder unser Umfeld kann sie nicht nachvollziehen, und dennoch zeigen sie uns, wer wir sind. Um unsere Gefühle kommen wir nicht herum, sie lassen sich nicht unter den Teppich kehren. Positive Gefühle wie Freude oder Leichtigkeit sind willkommen, wenn wir uns schlecht oder unglücklich fühlen, tun wir uns damit schwerer. Emotionen tragen immer Botschaften mit sich und wollen uns auf etwas hinweisen. Sie sind wie unser Körper treue Verbündete, es lohnt sich, genauer hinzuschauen, wie wir uns fühlen.

Gefühle können ganz schön irreführend sein. Unterschieden wird zwischen primären und sekundären Gefühlen, primär wäre zum Beispiel die Freude, Stolz, Liebe, Geborgenheit oder auch Angst und Trauer.

Oft passiert es, dass sich sekundäre Gefühle dazu entwickeln. Wenn ich zum Beispiel wütend auf meinen Partner bin, kann es gut sein, dass sich dahinter das primäre Gefühl der Angst verbirgt. Oder der Traurigkeit. Angst, verletzt oder nicht gesehen zu werden. Dass ich zum Beispiel traurig bin, weil ich mich nicht gesehen fühle. Es lohnt sich, hier auf Spurensuche zu gehen und sich selbst zu beobachten. Wie reagiert mein Körper, wenn ich mir den Satz sage: »Ich bin traurig, weil ich mich vernachlässigt fühle.«? Kommen mir die Tränen oder geht mein Körper nicht in Resonanz? Vielleicht steckt dann etwas anderes dahinter.

Schon allein die Tatsache, dass wir uns mit unseren Gefühlen beschäftigen und sie nicht leugnen, ist ein Zeichen der Selbstliebe. Wir schenken uns Beachtung und finden im besten Fall heraus, was gerade weh tut und was unser wahres Bedürfnis ist.

Gefühle aus der zweiten Reihe

Suche immer das Versteckte hinter dem Offensichtlichen, schau hinter die Kulissen des Lebens, hinterfrage das Vordergründige, finde Antworten, bevor du urteilst.

Suche Lösungen an einem absurden Ort.

Dort findest du sie:

Tränen, die von weit her kommen, gefunden in der Truhe der Erinnerungen.

Gefühle, die vergraben sind und aus einer anderen Zeit stammen. Tauche tief ein in dieses rätselhafte Labyrinth, das sich Leben nennt.

aus: »Farben der Seele«, 2018

Es gibt Situationen im Leben, die scheinen sich immer zu wiederholen. Wir geraten immer wieder an die »falschen« Partner. Oder werden immer wieder von unserem Umfeld ausgenützt. Und wir reagieren immer wieder mit den gleichen Emotionen, sind verletzt und verstehen die Welt nicht mehr. Warum ist das so?

In Wirklichkeit helfen uns diese immer wiederkehrenden Situationen dabei, ein gewisses Muster in uns zu lösen. Wir reagieren mit ähnlichen Gefühlen, weil die Situation uns unbewusst vertraut ist und uns triggert, selbst wenn sie in der Gegenwart nicht mehr angemessen sind oder gar krankmachend wirken.

Diese alten Muster und Verhaltensweisen belasten uns so lange, bis wir sie als Muster erkennen und uns bewusst dafür entscheiden, sie aufzulösen und loszulassen.

Zum Verständnis ein Beispiel:

Mein Chef kritisiert immer wieder etwas an meiner Arbeit. Rein sachlich betrachtet hat er wahrscheinlich Recht. Ich könnte ruhig analysieren, wo das Problem liegt, um in Zukunft andere Lösungen zu finden.

Auf der emotionalen Ebene ahne ich schon, dass mein Chef mich auch heute wieder zurechtweist. Ich fühle mich klein und schlecht, habe Schuldgefühle und glaube, nichts richtig machen zu können.

Bei genauerem Hinsehen könnte ich unter Umständen herausfinden, dass ich ein sogenanntes Vaterthema habe. Auch er hat mich immer wieder kritisiert, das könnte also der Grund dafür sein, dass ich mich vor meinem Chef wie ein kleines Mädchen fühle.

Dieses vereinfachte Beispiel zeigt deutlich, dass dieses genauere Hinsehen sehr viel mit Bewusstsein zu tun hat. Und damit, wie heilsam es sein kann, wenn wir unsere Verhaltensmuster erkennen und nachvollziehen können.

Das innere Kind

Ich saß in der Vorweihnachtszeit vor dem Fernseher und schaute mir eine Familienkomödie an. Unter anderem ging es darum, dass sich zwei Schwestern immer wieder stritten. In dem Film gab es eine Situation, in der der Streit eskalierte, und wechselweise wurden immer wieder die jeweiligen Kinder der erwachsenen Frauen eingeblendet. Unterm Strich ging es darum, dass diese ständigen Konflikte zwischen den beiden ihre Wurzeln in der Kindheit hatten. Und auf einmal ging es darum, dass sich die eine Schwester immer hässlicher und dümmer gefühlt hatte als die andere, sie konnte ihren Eltern scheinbar nichts recht machen. Und die andere hatte zwar Bestnoten und war eine talentierte Balletttänzerin, hatte aber im Gegenzug die scheinbar unbekümmerte Schwester immer beneidet, weil sie weniger dem Druck, perfekt sein zu müssen, ausgesetzt war.

Mir hat die Szene deshalb so gefallen, weil wir, wenn wir uns dessen nicht bewusst sind, immer wieder aus unseren alten Emotionen und Glaubenssätzen heraus handeln. Es ist so heilsam, wenn wir uns mit unserem inneren Kind auseinandersetzen.

Es gibt darüber viele Bücher und Anleitungen, wie wir das am besten anstellen.

Viele Autoren wie Jana Haas oder Louise Hay erwähnen in ihren Büchern diese heilvolle Methode. Dabei setzen wir uns ganz bewusst mit unseren Mustern und den Emotionen, die dahinterstehen, auseinander. In meiner Praxis wende ich diese Art von Arbeit sehr gerne an.

Dabei wird mit einem konkreten Gefühl gearbeitet, zum Beispiel Wut. Wir können in der Meditation fragen, wann dieses Gefühl im Leben zum ersten Mal aufgetreten ist. Hier können sich Bilder aus der Vergangenheit zeigen, aber auch Farben oder Symbole.

Es geht darum, die schmerzvolle Erfahrung in etwas Positives umzuwandeln. Wenn die Person düstere Farben sieht, dann kann daran gearbeitet werden, dass Licht dieses Bild aufhellt und sich freundliche Farben zum beklemmenden Grau dazugesellen. Wenn ein Bild aus der Kindheit auftaucht, eine Situation, in der z. B. unsere Eltern einen großen Streit hatten und uns das geängstigt hat, dann können wir in unserer Vorstellung das Bild so verwandeln, dass die Eltern sich wieder versöhnen und umarmen. Wir können aber auch die Umgebung verändern, wir stellen uns vor, wie die Eltern auf einer Blumenwiese stehen und wir selber als Kind dort spielen, während die Sonne scheint. Der Phantasie sind hier keine Grenzen gesetzt.

Es geht darum, dass wir uns mit diesem Teil in uns selbst aussöhnen und erkennen, dass die Vergangenheit abgeschlossen ist. Wenn wir das Bild, nachdem wir es positiv verwandelt haben, so stehen lassen können, nehmen wir diese positive Emotion mit in die Gegenwart und kommen in der Mediation langsam wieder zu uns.

Wenn wir zum ersten Mal mit dem inneren Kind arbeiten, ist es hilfreich, nicht alleine zu sein, wenn alte Gefühle ans Tageslicht kommen. Diese Übung hilft uns, belastende Emotionen aus der Vergangenheit abzuschwächen und mitunter auch ganz aufzulösen.

Selbstliebe und Kinder

Niemand in meinem Leben hat mir, wie schon erwähnt, so viel über Selbstliebe beigebracht wie meine Kinder. Das klingt im ersten Moment vielleicht paradox, weil beim Thema Kinder das Geben assoziiert wird. Dass wir, kaum sind sie da, unsere Egos erst mal in den Hintergrund befördern, wenn es darum geht, einem Neugeborenen einen bestmöglichen Start ins Leben zu ermöglichen. In den ersten Jahren habe ich mich, wie auch viele andere Mütter, sehr verausgabt, um Kinder, den Job und alle anderen Anforderungen unter einen Hut zu bekommen. Mein Körper hat irgendwann begonnen zu streiken, indem ich einen Infekt nach dem anderen hatte und mich kaum mehr erholte. Heute sind meine Kinder Teenager und ich habe nach vielen anstrengenden und turbulenten Jahren gelernt, dass ihnen nichts wichtiger ist, als dass es den Eltern gut geht. Sie haben mich erlebt, wie ich wie eine leere Batterie den Alltag bewältigt habe und durch persönliche Krisen ging. Kinder mögen es nicht, wenn ihre Mama oder ihr Papa krank sind. Sie wollen, dass wir glücklich sind und voller Lebensfreude! Kinder wollen und brauchen Eltern, die ihnen nichts vorspielen und ihnen vorleben, dass Gefühle gelebt werden dürfen. Damit sie verstehen: Sie dürfen auch traurig sein. Und wütend. Und es ist okay, wenn sie nicht gut drauf sind und gar nicht wissen, warum.

Perfektion ist das Letzte, das Kinder von ihren Eltern wollen. Sie lernen durch uns, wie Leben funktioniert. Dass es gute, weniger gute und manchmal unglaublich anstrengende Tage gibt, und an uns sehen sie eine Möglichkeit, wie das Leben bewältigt werden kann. Indem wir annehmen, dass es schwierige Phasen gibt. Und solche Phasen auch ansprechen. Und uns angreifbar zeigen.

Streit gab es bei uns meistens dann, wenn ich versucht habe, alles perfekt hinzubekommen. Ich war zunehmend gereizt und habe meine Laune auf meine Kinder übertragen. Scheinbare Perfektion trennt uns von unseren Kindern, von unserer Umwelt. Sie distanziert uns von unseren Lieben. Ich habe erkannt, dass sie keine Mutter wollen, die perfekt ist, weil sie dann das Gefühl haben, selbst ohne Fehler sein zu müssen. Durch sogenannte perfekte Eltern wird ihnen suggeriert, dass auch sie sich abstrampeln müssen und keine Fehler machen dürfen, um in dieser Welt zu bestehen. Und dieses Gefühl fördert einen immensen Druck, gut genug sein zu müssen. Weil die Mama, der Papa ja auch dauernd das Gefühl haben, sich beweisen zu müssen im Leben.

Frieden hat sich bei uns immer eingestellt, wenn ich weich wurde. Und verletzlich. Wenn ich den Kindern erzählt habe, dass es mir nicht gut geht, dass ich traurig bin, weil etwas nicht geklappt hat oder ich das Gefühl habe, dass mir alles zu viel ist. Und dass es mir leidtut, wenn ich unfair war oder sie angeschrien habe. Und dann stellte sich immer wieder eine ähnliche Situation wie diese ein:

Die Kinder nehmen mich in den Arm, scheinbare Unzulänglichkeiten werden sofort verziehen, sie sagen mir, dass sie mich liebhaben und doch eh alles okay ist. Mehr braucht es nicht. Und, wie Kinder nun mal sind, lachen sie dir ins Gesicht und die Sonne ist wieder da.

Und so ist es auch heute. Kinder haben so feine Antennen. Sie spüren, wie es uns geht, noch bevor wir etwas sagen. Und gerade weil meine Kinder mich immer wieder müde, ausgelaugt und traurig erlebt haben, reagieren sie sehr schnell, wenn ich nicht gut auf mich schaue. Kinder wollen nicht das Gefühl haben, dass sie sich Sorgen machen müssen um uns, das ist eine große Bürde, die sie sehr belasten würde. Sie wollen glückliche Eltern, eine Mama, die in ihrer Fülle ist, zumindest meistens. Einen Papa, der auch Schwächen zeigt und trotzdem lebensbejahend ist.

Heute weiß ich es besser und versuche, ihnen vorzuleben, wie wichtig es ist, gut auf sich zu schauen. Zu spüren, wann es genug ist. Zu reagieren, wenn etwas aus dem Ruder läuft. Grenzen setzen. Das Gespräch suchen. Immer und immer wieder. Mit sich selbst, mit der Familie.

Eine Lektion: Manuels Geschichte

Dass Kinder wunderbare Lehrmeister sind, erzählt die folgende Geschichte. Mein mittlerweile fünfzehnjähriger Sohn war schon immer sehr feinfühlig und empathisch. Er reagierte schnell auf Unstimmigkeiten in seiner Umgebung und kommunizierte ganz klar, was ihn störte. Im Volksschulalter ging es los, er begann Verhaltensweisen und Normen zu hinterfragen (»Mama, müssen eigentlich alle Kinder in die Folgschule??«).

Irgendwann erzählte er mir von seiner Feststellung darüber, dass manche Leute in unserem Umfeld fluchen. Also das SCH... Wort sagen. Und dass ihn das störe. Ich merkte an, dass das auf jeden Fall kein besonders hübsches Wort sei und erklärte ihm, dass wir keinen Einfluss darauf hätten, wie sich andere artikulieren. Er gab sich nicht damit zufrieden. Abgesehen davon, dass ich mich ab dieser Zeit hütete, vor ihm dieses schlimme SCH... Wort auszusprechen (ich finde ja auch, dass es angenehmere Ausdrucksweisen gibt), fiel meinem Sohn immer mehr auf, welche Schimpfwörter im Allgemeinen benutzt wurden, und es gab einige Situationen, da war er so perplex über so manch derbe Ausdrucksweise, dass er oftmals mit offenem Mund stehen blieb und die Personen, aus deren Münder so Ungehöriges herauskam, ungeniert und betroffen anstarrte.

Anfangs nervte mich diese neue Verhaltensweise von meinem Volksschulkind, vor allem, weil Manuel immer hellhöriger wurde, wenn die Familie oder Bekannte bei uns auf Besuch waren und hin und wieder das eine oder andere nicht besonders feine Wort fiel. Das SCH... Wort war ja noch harmlos, ganz zu schweigen von A... Wörtern und dem schrecklichen F... Wort, das so schlimm für ihn ist, dass ich es hier nicht weiter erwähnen will. Immer wieder bekam ich einen heftigen Tritt gegen mein Schienbein, wenn jemand in der Runde nicht allzu sehr auf gepflegte Sprache achtete. Er flüsterte mir zu, dass es ihn so störe, dass XY sich nicht zusammenreiße. Auf seinen Wunsch hin artikulierte ich im Familienkreis, dass Manuel ein Problem mit Fluchwörtern habe und wir im besten Falle ein bisschen sorgsamer damit umgängen.

Staunen und nicht immer nur Verständnis für meinen Sohn und seine »Phase« waren die Folge. Ich merkte zusehends, wie mein Kind dieses Thema stresste. Abgesehen davon, dass es immer wieder zu Tränen und Streit kam, wenn mir aus Versehen das SCH... Wort herausrutschte.

Aber warum erzähle ich hier diese Geschichte, was hat das alles mit Selbstliebe zu tun?

Manuel litt darunter, dass es immer wieder vorkam, dass manche Personen im Umfeld über seine sogenannte »Marotte« lachten und ihn nicht ernst nahmen. Oftmals kam mir seine Reaktion auch übertrieben vor, Sätze wie »Du musst halt akzeptieren, dass manche Leute fluchen, reiß dich zusammen, es gibt Wichtigeres!« fruchteten ganz und gar nicht.

Ich beschloss, auf seiner Seite zu sein. Und erklärte ihm, dass sein Empfinden weder falsch noch komisch sei, sondern eben zu ihm gehöre. Und wir beide begannen, im Bekanntenkreis darüber zu reden. Dass es einen Unterschied mache, wie man sich ausdrückt. Und dass Schimpfwörter Stress auslösen können. Manuel wuchs innerlich, er hatte nicht mehr das Gefühl, komisch oder seltsam zu sein, weil er so empfand. Er konnte seine Art, wie er war, annehmen und stellte immer öfter fest, dass es anderen mitunter auch so ging. Eines Tages wurde seine Volksschullehrerin auf dieses Thema aufmerksam und nahm Manuels Geschichte zum Anlass, in der Klasse über die Wirkung von Sprache zu reden. Darüber, dass Worte wirken. Und dass in der Klasse in Zukunft mehr darauf geachtet werden sollte, wie sich die Kinder und auch die Lehrer ausdrückten.

Manuel war glücklich. Er wurde ernst genommen. Seine Wahrnehmung wurde nicht mehr belächelt oder abgelehnt, und so konnte er seine Art, zu fühlen, annehmen und respektieren. Durch diese Geschichte hat er gelernt, was Selbstliebe bedeutet.

Seit dieser Geschichte fluche ich nicht mehr. Das einzige Schimpfwort, das ich mir erlaube, ist »Scheibenkleister«. Und hin und wieder höre ich Mütter, wie sie in gewissen Situationen eben genau dieses Wort vor sich hinsagen und beim Schimpfen diese »Light-Version« wählen. Dann muss ich lächeln.

Warum die Selbstliebe oft so unbequem ist

Die Selbstliebe ist mehr als ein Spaziergang. Sie greift zu wenig, wenn wir darunter verstehen, uns ein bisschen zu verwöhnen und in Watte packen.

Sie legt den Finger auf unsere Wunden, auf unsere Muster, rührt in unserer Kindheit, zeigt uns unsere Schwächen und damit unser Lernpotential auf. Und dennoch: Sie will unser Bestes. Sie will, dass wir einen liebevollen Umgang mit uns pflegen, uns mit uns auseinandersetzen, obwohl es oft unangenehm ist.

Die Selbstliebe ist ein bisschen wie unsere beste und manchmal auch mahnende Freundin. Wenn wir (scheinbar) gescheitert sind in unserem Leben, wenn unsere Erwartungen enttäuscht wurden, da ist diese Freundin da. Und sie tröstet. Und erinnert uns an das, was in uns steckt. Und sie wird das eine oder andere Mal auch unangenehm sein, beste Freundinnen dürfen das. Sie dürfen uns ermahnen, wenn es den Eindruck hat, dass wir in einem festgefahrenen Muster stecken oder wieder in eine ähnliche Falle tappen. Sie hört zu, ohne zu werten. Sie ist immer wohlwollend und nimmt uns an mit all unseren Licht- und Schattenseiten. Sie kennt unsere Schwächen und unser Potential. Sie darf uns hinterfragen und auch unangenehm sein, immer mit Blick auf unser Wohlsein.

Und im Gegenzug dürfen wir all unsere Masken fallen lassen, müssen uns nicht verstellen, unterhaltsam sein oder gefallen. Wir dürfen hundertprozentig vertrauen, dass wir nicht fallengelassen werden, wenn wir in Krisen stecken.

Aus der Praxis

Der Weg zur Selbstliebe ist wie ein roter Faden, der sich durch all meine Behandlungen und Beratungen in meiner Praxis zieht. Fast immer geht es im Kern darum, sich selbst wahrzunehmen und zu spüren. Darum, anzunehmen, was in uns ist. All unsere Licht- und Schattenseiten sehen, sie zu erkennen und zu akzeptieren, Zusammenhänge verstehen. Erkennen, warum wir uns wie verhalten. Das scheinbar Schöne und das nicht so Schöne in uns sehen, das wir oft und gerne unter den Teppich kehren würden.

Wie oft erlebe ich, ob in der Praxis oder auch im privaten Umfeld, wie wir uns jeden Tag bemühen, uns abstrampeln, es jedem und jeder in unserem Leben recht machen wollen. Gut, noch besser sein wollen. Sich beweisen müssen, im Job, daheim, im Kreise der Familie. Wie hart wir mit uns oftmals ins Gericht gehen, ob das unser Aussehen oder auch unsere Bedürfnisse betrifft. Als ob da immer jemand auf unserer Schulter sitzt und uns kritisiert. Der innere Kritiker. Der, der uns sagt:

»Das hast du ja ganz gut gemacht, aber es geht wohl noch besser ...«

»Schön, dass du deinen Erfolg genießt, jetzt bleib nur nicht auf der Stelle kleben, es geht weiter, nächste Herausforderungen warten, nur nicht stehen bleiben ...«

»Deine neue Frisur ist ja ganz nett, aber du weißt ja, du siehst trotzdem höchstens mittelmäßig gut aus ...«

Erkennen Sie sich wieder? Wir haben alle diesen Kritiker in uns. Der, der uns unsere Laune vermiest, der uns davon abhält, das Leben einfach zu genießen, unabhängig von Erfolg und dem Abarbeiten einer ToDo-Liste.

Ich habe angefangen, diese Glaubenssätze genauer zu betrachten und eine Art inneren Monolog zu führen. Zum Beispiel bei diesem hier:

»Ich müsste mehr Sport machen und erfolgreicher sein, also bin ich nicht gut genug.«

Wer sagt diesen Satz? Woher kommt er? Stimmt diese Aussage? Wer legt fest, wie viel Leistung ich erbringen muss, um gut genug zu sein? Oder könnte es auch sein, dass ich gut genug bin, egal, ob ich beim Sport oder im Beruf Erfolg habe?

Ich begann, die Glaubenssätze umzudrehen. Und mir stattdessen zu sagen:

»Du bist auf alle Fälle gut genug, auch ohne Sport und sichtbare Leistung im Außen.«

Das Umdrehen und Umschreiben von Glaubenssätzen erfordert Disziplin. In meiner Praxis gebe ich meinen Klienten oft den Rat, Zettel mit diesen umgekehrten Sätzen in der Wohnung zu verteilen oder sich bewusst vor den Spiegel zu stellen und die Sätze zu wiederholen.

Mit der Zeit können wir einen netteren Umgang mit uns selbst feststellen.

Hilfreich ist auch, wenn der Kritiker einen Gegenspieler bekommt. Einen, der dagegenhält, uns bestärkt und, wenn nötig, verteidigt. Dabei können wir uns den Gegenspieler als Anwalt vorstellen oder auch als beste Freundin, der oder die sich für uns einsetzt, wenn wir nicht für uns selbst sprechen können.

Vor allem in Situationen, in denen es darum geht, Grenzen aufzuzeigen und Nein zu sagen, ist das wichtig. Viele Menschen, so auch ich, tun sich damit besonders schwer.

Das Beispiel mit dem Fürsprecher oder Anwalt ist so zu verstehen:

Immer wieder gab es in meinem Leben Situationen, in denen ich reflexartig zugesagt habe, bei Jobs oder privaten Einladungen. Auf den zweiten Blick habe ich festgestellt, dass ich überhaupt keine Zeit habe oder haben will, dass mich diese Zusage stresst und mein Tagesablauf an diesem bestimmten Tag noch mehr durchgetaktet ist als nötig. Ich wollte niemanden enttäuschen oder verletzen, niemandem vor dem Kopf stoßen. Meine Zusage war plötzlich wie ein Korsett, aus dem ich mich nicht mehr befreien konnte und mir die Luft zum Atmen raubte. Dann stellte ich mir vor, wie eine Anwältin (in meiner Phantasie ist es eine Frau) mich verteidigt, wie in einem Gerichtssaal. Ich sitze nur da und höre zu, wie sie argumentiert, dass »ihre Mandantin« Ruhe braucht und derzeit gar nicht in der Lage ist, einen zusätzlichen Job oder eine weitere Aufgabe anzunehmen. Die Anwältin zählt auf, wie viel ich jeden Tag zu bewältigen habe und manchmal dazu neige, mich selbst zu vergessen.

Ich habe festgestellt, dass schon die Vorstellung daran, dass diese Person für mich spricht, meinen Standpunkt verteidigt und klar macht, warum ich mich so verhalte und nicht anders und meine Bedürfnisse in den Raum stellt, mich stärkt und selbstbewusster macht. Die innere Anwältin richtet mich auf und ermuntert mich, für mich selbst zu sprechen und Entscheidungen in meinem Sinne zu treffen. Vielleicht funktioniert es bei Ihnen auch.

Rosa

Rosa (Name geändert) ist eine Klientin, die ich während meiner Ausbildung zur Lebens- und Sozialberaterin länger begleitet habe. Wir kannten uns von der Schule, die unsere Kinder gemeinsam besuchten. Sie erfuhr von Bekannten von meiner Tätigkeit und fasste den Entschluss, mich anzusprechen und in meiner Praxis Beratungen in Anspruch zu nehmen.

Ich nahm Rosa als warmherzige, introvertierte, leise und depressiv wirkende Person wahr, die etwas Schweres mit sich trug. Ihr Selbstbewusstsein war derart gering, dass sie kaum Wahrnehmungen für sich hatte, unangenehme Gefühle betäubte sie mit Alkohol und Essen.

In den ersten Beratungen ging es darum, dass sie mir ihre Geschichte erzählte, von ihrer unglücklichen Kindheit, ihrem cholerischen, tyrannischen Ehemann und davon, dass sie bei sich selbst Hypersensibilität festgestellt hatte. Diese besondere Sensibilität nahm ich als Möglichkeit wahr, Rosa ein Gefühl für sich selbst zu vermitteln. In ersten Schritten konnte sie dieser Seite an sich auch etwas Positives abgewinnen!

In weiteren Schritten taute meine Klientin immer mehr auf, wir stellten ihre Ursprungsfamilie auf dem Aufstellungsbrett auf, entdeckten ihre Ressourcen (die Liebe zur Natur, Meditationen, Atemübungen …).

Durch den Zugang über ihre Hypersensibilität bekam sie immer mehr ein Gespür für ihre große Intuition, sie lernte, darauf zu vertrauen.

Rosa begann immer mehr, ihren Kokon zu verlassen, ihre Fühler auszustrecken und in sich die Eigenliebe zu spüren. Sie stellte von sich aus ihre Ernährung um und reflektierte ihren Alkoholkonsum, begann, Bücher über Eigenliebe zu lesen. Ihr begann es Spaß zu machen, sich darin zu üben und sich um sich selbst zu kümmern. Das führte allerdings auch immer mehr zu Konflikten mit ihrem Partner. Sie wollte sich sein Verhalten nicht mehr gefallen lassen und begann zu rebellieren. Die Trennung stand im Raum.

Nach weiteren Beratungen war ihr Vertrauen in sich selbst so weit gestärkt, dass sie die Scheidung in die Wege leiten konnte. Anstrengende, turbulente Wochen folgten, in denen sie sehr in ihrer entwickelten Eigenliebe gefordert wurde.

Heute ist Rosa geschieden, kümmert sich liebevoll um ihre beiden Kinder und ist glücklich mit einem neuen Partner.

Ich war und bin immer noch erstaunt über Rosas Entwicklung und darüber, was Selbstliebe bewirken kann. Sie kann im wahrsten Sinne des Wortes Berge und ganze Welten versetzen.

Vor allem durch die Begleitung von Rosa habe ich erfahren, wie sehr es mich erfüllt, das Leben von Menschen ein bisschen heller zu machen. Eines meiner wichtigsten Anliegen ist immer, das große Potential meiner Klienten in sich zu entdecken und zu entfalten.

Die Kraft von systemischen Aufstellungen

Eine der größten Faszinationen während meiner Ausbildungen war die Wirkung von Aufstellungen, ob in der Arbeit mit einzelnen KlientInnen oder auch in der Gruppe. Sie machen sichtbar, was ist, in unserem Inneren, in der Familie, in Beziehungen. Vor allem die Gruppenaufstellungen mit StellvertreterInnen faszinieren mich. Jemand, der ein Problem, einen Wunsch oder ein Anliegen hat, sucht sich in der Gruppe Menschen aus, die stellvertretend die Rolle des Vaters, der Mutter, der Geschwister ... einnehmen, die Möglichkeiten sind unbegrenzt. Und während die StellvertreterInnen ihre Rollen einnehmen, passiert etwas. Sie fühlen sich anders. Sie spüren plötzlich, wie sich etwas in ihnen verändert, Emotionen zeigen sich, die nicht ihnen als Privatperson gehören. Dabei entsteht während des Prozesses ein Bild, mit dem dann gearbeitet wird.

Das Unglaubliche:

Wir sagen in unseren Rollen plötzlich Sätze, die nicht zu uns gehören, sondern typisch sind für den Menschen, den wir vertreten, oder wir bewegen uns wie diese Person. Obwohl wir überhaupt nicht wissen, wer diese Menschen sind und was sie bewegt. Wir können sie dennoch fühlen, ihren Schmerz, ihre Sorgen, ihr Leid. Und wir können am eigenen Körper spüren, was das Leid lindert, was herausführt aus dem Schmerz.

Das Aufstellen mit Gruppen birgt große Möglichkeiten und Chancen, was das Erkennen und Heilen unserer Wunden betrifft. Auch als Stellvertreter, die scheinbar gar nichts mit dem Problem zu tun haben, können wir oft sehr wertvolle Erfahrungen machen.

Eine italienische Aufstellung

Vor ein paar Jahren machte ich als Stellvertreterin eine unerwartete Erfahrung. Bei dieser Aufstellung ging es um einen älteren Mann, der seine Familie und die Beweggründe deren Verhaltens besser verstehen wollte. Es war eine Aufstellung mit mehreren Zeitebenen, die vor seiner Geburt begann und sich bis ins Jetzt zog. Dabei wurde ich stellvertretend für den Onkel dieses Mannes gewählt. Ich wusste nur, wo er lebte, sonst nichts. Ein italienischer Onkel.

Ich fühlte mich in die Rolle hinein. Es musste wohl eine sehr stämmige, sehr traditionell denkende Person sein, für die ich stellvertretend stand, das spürte ich gleich. Ich stand da, breitbeinig, wie ein Machoitaliener, der die Geschicke in seiner Familie leitet. Der nicht viel Worte braucht, um seine Vormachtstellung zu untermauern. Ein Patriarch durch und durch. Ich merkte, wie wohl ich mich fühlte, dieser Hauch von Italien, dieses südländische Temperament, das auch in meinen Adern fließt, sprang plötzlich an. Ich bildete mir ein, den Geruch von einer typisch italienischen Pizza in der Nase zu haben und mir kam der Gedanke, dass ich womöglich italienisch reden würde, wenn ich jetzt den Mund aufmachte. Eine knappe italienische Ansage, als Familienoberhaupt.

Ich fühlte mich durch und durch italienisch. Dabei bekomme ich selbst keine drei Sätze in dieser Sprache zusammen. Ich war verblüfft.

Nach der Aufstellung streifte jeder seine Rolle ab. Ich weiß noch, wie mich auf der Heimfahrt plötzlich Wehmut überfiel. Auf einmal war da dieses Gefühl der Verbundenheit zu seinem Land, das ich zu wenig besuchte, eine Sehnsucht nach meinen italienischen Ahnen, nach meinen Wurzeln.

Ich konnte plötzlich nachvollziehen, was es bedeutet, sich mit dem Land, in dem unsere Wurzeln sind, verbunden zu fühlen.

Ein paar Tage lang verfolgte mich dieses Thema. Es war ein Gefühl des Verlorenseins da, ich bedauerte, nie richtig italienisch gelernt zu haben, zu wenig in dieses schöne Land gereist zu sein und nie italienische Kontakte hergestellt zu haben. Die Aufstellung hatte mich an meine Wurzeln erinnert. Und ich habe mich danach versöhnt damit, kein italienisch zu können und ich begriff, dass meine Heimat sowieso in mir verankert ist, in meiner Seele, so oder so. Und ich beschloss, in Zukunft öfter Urlaub in Italien zu machen.

Die Selbstliebe und ich

Mein Weg der Selbstliebe begann mit meiner Erkrankung mit achtundzwanzig Jahren. Bis zu dieser Zeit lebte ich sehr unbewusst und fremdgesteuert. Ich hatte wenig Bezug zu mir selbst und meinen wahren Bedürfnissen. Während meiner Genesung spürte ich zum ersten Mal, dass es etwas in mir gibt, das unantastbar ist, auch wenn im Außen alles zusammenbricht. Dass ich wertvoll bin, unabhängig davon, wie viel ich leiste oder wie ich aussehe.

Es klingt so einfach, die Selbstliebe umzusetzen. Und dennoch: Der Alltag, das Banale, ist mitunter die größte Herausforderung. Glaubenssätze aus unserer Kindheit sind hartnäckig. Und wenn unser innerer Kritiker uns ständig klein macht und belehrt, dann sind wir gefordert.

Meine größte Herausforderung waren immer Sätze wie:

»Mach dich nicht so wichtig. Halte dich zurück. Glaubst du, du bist was Besseres? Sei gefälligst bescheiden!«

Nicht allzu viel vom Leben wollen, anspruchslos sein, immer klein bleiben und sich nicht in den Vordergrund stellen. Bücher veröffentlichen und im Rampenlicht stehen? Verrückt. Dazu noch mein eigenes Foto auf dem Cover? Undenkbar.

Andere nicht vor den Kopf stoßen. Alles tun, um gemocht zu werden.

Es ist noch nicht lange her, da war ich zu schüchtern, um den Kellner im Lokal nach einem Salzstreuer zu fragen, geschweige denn zu reklamieren, wenn das Essen nicht geschmeckt hat. Ich wollte keine Umstände machen, weder im Gasthaus, noch bei meinen Freunden und auch nicht in meiner Familie.

Sie können sich vielleicht vorstellen, wie es mit solchen Programmierungen ist, Termine abzusagen, schlicht und einfach, weil einem nicht danach ist. Weil uns manche Menschen nicht guttun.

Früher von der Party nach Hause gehen, obwohl niemand Verständnis dafür hat.

Wenn wir uns dazu entscheiden, bedingungslos zu uns selbst zu stehen, zu fördern und zu unterstützen, dann verändert sich unser ganzes Leben, und das kann mitunter angsteinflößend sein.

Und natürlich wollte ich auch in partnerschaftlicher Hinsicht eine perfekte Version meiner selbst präsentieren, unkompliziert sein und nicht anecken. Eine fröhliche, angepasste Carmen, die sich perfekt an alle Umstände anpasst. Dass so eine Entwicklung hin zur Selbstliebe Turbulenzen ins Privatleben bringt, liegt auf der Hand. Ich hätte nie gedacht, dass ich mich jemals scheiden lasse, und dennoch war die Entscheidung vor ein paar Jahren unausweichlich.

Und was ich daraus gelernt habe, war enorm. Ich war von heute auf morgen gezwungen, meine Komfortzone zu verlassen und auf eigenen Beinen zu stehen. Ein mühsamer und unglaublich anstrengender Prozess, eine Zeit, in der ich oft verzweifelt war und nicht wusste, wie das Leben mit meinen Kindern und mir aussehen und ob ich das alles schaffen würde.

Heute weiß ich, dass ich mich zu hundert Prozent auf mich verlassen kann.

Ich darf unbequem sein, mein Wert wird nicht weniger, wenn jemand mich nicht mag und ich kann mittlerweile gut damit leben, wenn mich jemand unsympathisch findet, was früher ein unvorstellbarer Gedanke war.

Ich bin heute mehr denn je gut in mir verankert. Ich habe gelernt und verinnerlicht, was Selbstliebe bedeutet und was nicht.

Der Weg zur Selbstliebe ist ein bisschen, wie wenn sich der Nebel in und um uns mit der Zeit lichtet. Am Anfang erkennen wir gar nichts und sehen kaum weiter als einen Meter. Mit der Zeit wird der Nebel dünner, unser Blick auf die Welt und uns selbst wird weicher und gütiger. Wir sehen die Welt mit den Augen der Liebe.

Und gleichzeitig fühlt sich die Selbstliebe an wie ein nach Hause kommen. In uns selbst.